中学校国語科

「個別最適な学び」と
「協働的な学び」の
一体的な充実を通じた授業改善

田中洋一 監修

鈴木太郎 編著

JN039910

第 3 学年

明治図書

監修の言葉

　現行学習指導要領（平成29年告示）が全面実施されて２年が経過した。全国の中学校で学習指導要領の趣旨を受け，工夫された授業が展開されつつある。もとより日本の教育は生徒のために努力を惜しまない勤勉な先生方に支えられている。したがって，学力の三要素である「基礎的な知識及び技能」「課題を解決するために必要な思考力，判断力，表現力その他の能力」「主体的に学習に取り組む態度」をバランスよく育てる授業は確実に増えているのである。

　しかしながら社会の変化は激しく，人々の価値観は多様化している。学習指導要領が告示されてから６年の時間が流れている。学習指導要領に示されている教育理念は変わらなくても，生徒や保護者の方々に満足してもらう教育の在り方は，常に具体的に見定めていく必要がある。社会の変化や人々の価値観の多様化に応じて，教育の重点化すべきことを十分に検討し，適切に対応していくことが大切なのである。

　現在，私たちが最も注視すべきは，中央教育審議会「『令和の日本型学校教育』の構築を目指して〜全ての子供たちの可能性を引き出す，個別最適な学びと，協働的な学びの実現〜（答申）」（令和３年１月26日）に示された教育観である。ここで述べられている「個別最適な学び」や「協働的な学び」は新しい概念ではない。力量のある教師なら以前から自分の授業に取り入れてきたことである。しかし，21世紀の社会の有り様の中で，改めて教師が意識すべきこととして位置付けられ，これらを通して「主体的・対話的で深い学び」を実現させることが強調されているのである。そのことに十分留意しなければならない。

　本書の編集の基本的理念はそこにある。日常の授業の中で，「個別最適化」と「協働的学び」を一体的に充実させ，全ての子供たちの可能性を引き出すことを強く意識し，授業改善を図ることを目指し，そのための具体例を示したのが本書である。

　編著者は，文部科学省教科調査官である鈴木太郎氏である。鈴木太郎氏は東京都の中学校教師として，優秀な実践家であった経歴をもち，令和４年度から文部科学省において日本の国語教育をリードする立場になられた新進気鋭の教育者である。これから日本の国語教育を背負う鈴木太郎氏が，冷静な眼で授業を分析し，編著した書なのである。

　執筆に当たったのは21世紀国語教育研究会に所属する先生たちである。この会には東京都を中心とする中学校の，管理職を含む国語科教師が研究のために集っている。発足から19年，会員数約130名の組織であり，月に一度の定例会や年に一度の全国大会，執筆活動などで研究を深めている。鈴木太郎氏も本会の会員である。常に生徒の意欲を引き出し，言語を駆使して思考力や判断力を高める授業を工夫している。その研究成果の一端を示す書でもある。本書が，国語科教育に携わる全国の先生方のお役に立てば幸いである。

　　　　　監修者　東京女子体育大学名誉教授／21世紀国語教育研究会会長　　田中　洋一

CONTENTS

監修の言葉　3

1章	**国語科の授業改善と「個別最適な学び」と「協働的な学び」の一体的な充実**

Ⅰ　**教育改革の方向と授業改善**　8

　1　**教育改革の方向**　8

　　(1) 多くの人が高等教育を受ける社会

　　(2) 科学技術の進歩の速い社会（コンピュータが万能に近い働きをする社会）

　　(3) 長寿社会

　　(4) 価値観の多様化した社会

Ⅱ　**「個別最適な学び」と「協働的な学び」の一体的な充実を通じた授業改善**　14

　1　**「個別最適な学び」と中学校国語科の授業**　15

　　(1)「指導の個別化」と中学校国語科の授業

　　(2)「学習の個性化」と中学校国語科の授業

　　(3)「個別最適な学び」と「個に応じた指導」

　2　**「協働的な学び」と中学校国語科の授業**　19

　3　**「主体的・対話的で深い学び」の実現に向けた授業改善**　20

2章 「個別最適な学び」と「協働的な学び」の一体的な充実を通じた授業改善を図るプラン

A　話すこと・聞くこと

01　合意形成に向けて話し合う・話し合い　22

「合意形成に向けて話し合おう　課題解決のために会議を開く」（光村）

02　場の状況に応じた話し方を工夫しよう　30

「パブリックスピーキング　状況に応じて話す力を養う」（三省）

B　書くこと

03　魅力的な文章の書き手になろう〜批評文の学習を通して〜　38

「多角的に分析して書こう　説得力のある批評文を書く」（光村）

04　文章の種類を選んで書こう〜10年後以降の自分たちに伝える〜　46

「文章の種類を選んで書こう　修学旅行記を編集する」（光村）

C　読むこと

05　作品を批判的に読み，人間と社会の関わりについて考えを深めよう　54

「故郷」（光村・東書・教出・三省）

06　小説を批判的に読みながら，
文章に表れているものの見方や考え方について考えよう　62

「握手」（光村・三省）

07　小説を読んで表現の仕方を評価しよう　70

「百科事典少女」（東書）

08　筆者の論理の展開の仕方を評価しよう　78

「作られた「物語」を超えて」（光村）

09　論説を読んで自分の意見をもつ　86

　　　「誰かの代わりに」（光村）

10　文章の論理の展開等を評価しながら読み，人間と自然との関わりについて考える　94

　　　「絶滅の意味」（東書）

11　メディア・リテラシーについて考えよう　102

　　　「メディア・リテラシーはなぜ必要か？」（教出）

12　「おくのほそ道」を読んで，人間，社会，自然などについて考える　110

　　　「夏草──「おくのほそ道」から」（光村）

13　和歌を読んで，人間，社会，自然などについて考えよう　118

　　　「君待つと──万葉・古今・新古今」（光村）

執筆者一覧　126

1章

国語科の授業改善と
「個別最適な学び」と「協働的な学び」の
一体的な充実

I 教育改革の方向と授業改善

　21世紀も５分の１が終わった。世の中が急速な変化を遂げつつあることを，私たちは実感している。教育は世の中が変わればすぐに変えなくてはいけないものではない。むしろ伝統を重んじる日本の教育論は，流行よりも不易の部分を大事にしてきたように思う。たしかに先人が築いてきた日本の教育には素晴らしいものが多いといえる。しかしながら21世紀における時代の変化はかつてないほど激しく，日本の教育も大きく転換せざるを得ない様相になっていることも事実である。

1　教育改革の方向

　21世紀の社会を展望して，そこで生きる人たちへの教育にふさわしい教育課程を示そうとしたのが平成10年版（1998年版）学習指導要領であった。それはまさに21世紀の入り口に当たる時期であった。その時点で21世紀は次のような社会になるであろうと予想されていた。
　①多くの人が高等教育を受ける社会
　②長寿社会
　③科学技術の進歩の速い社会（コンピュータが万能に近い働きをする社会）
　④価値観の多様化した社会
　これらについて20年以上が経過した現在，実際に世の中がどのように変化したか，またそれに応じて教育はどのように変化してきたのか，また今後の教育はどうあるべきかについて述べてみたい。

(1) 多くの人が高等教育を受ける社会

　現在，高等学校への進学率は，ほぼ100％に近くなり，高校卒業後も専門学校まで含めれば進学率は70％を超えるようになった。大学院の修了者も増加する傾向にある。多くの人が望めば高等教育を受けられる時代なのである。しかし日本でも昔からこのような状況であったわけではない。今から70年ほど前の1950年代半ばには，中学校卒業生のうち約４割が直接就職していたという事実がある。現状からは想像がつきにくいことである。高等学校への進学率が低かった時代に当時の中学校教師の多くは，義務教育修了直後に社会の即戦力として働く生徒の育成を想定する傾向があった。子どもにできるだけ多くの知識を教え，大人と一緒に働けるように大人のミニチュア版を作ろうとしたのである。それに対し，進学率が飛躍的に向上した現在は，義務教育で教育が完結するのではなく，より高度な教育を受けて開花する資質・能力が求められるようになっている。

　昭和30年代後半からは高度経済成長とともに高学歴化が進んだが，それは，より高度な学問を学ぶための基礎・基本を育成する教育という理念にはなかなかつながらず，有名校への進学を強く意識する受験指導に注力する教育が主流となった。入試に強く，有名校に進学できるこ

とが優秀な生徒と評価される条件になったのである。昨今，入試の在り方も議論され，徐々に様相が変わりつつあるが，それでも入試はペーパーテストが中心であり，その大半は知識・技能を評価する問いである。したがって受験対策を重視した学習は暗記主体のものになりがちであった。それに反して学習者の興味や関心を中心にした授業が提唱されたこともあったが，それらの多くは生徒の自由な活動に任せすぎた傾向があり長続きしなかった。このことが教育論の混乱をもたらした。現在は，教師が教えて生徒が覚えることと，生徒自身が自ら考えることのバランスこそ大事であるという当たり前の結論に至っている。そのきっかけになったのが平成18年（2006年）に改正された学校教育法である。

学校教育法第30条第2項（小中共通）
「前項の場合においては，生涯にわたり学習する基盤が培われるよう，基礎的な知識及び技能を習得させるとともに，これらを活用して課題を解決するために必要な思考力，判断力，表現力その他の能力をはぐくみ，主体的に学習に取り組む態度を養うことに，特に意を用いなければならない。」

ここでは，知識及び技能と思考力，判断力，表現力等，さらに主体的に学習に取り組む態度を学力の三要素として捉え，バランスよく育成していくことを目標とする教育を求めている。これと同様の趣旨が平成20年版学習指導要領の総則にも示されたことで，今日の教育の明確な指針となっている。

従来の日本の教育を評価するなら，「知識及び技能」に関しては日本の子どもたちは優秀であり，「思考力，判断力，表現力等」については課題が大きいとされた。2000年から続くPISA調査でも，日本の子どもは自分の考えを自分の言葉で表現する課題に弱いことが当初から指摘され，現在でもそれが克服されたとは言い難い。また，「主体的に学習に取り組む態度」については児童・生徒が集団内で二極化していると評価される。

学校教育法に示された「学力の三要素」は，相互に関連して伸張するものである。「知識及び技能」は教師が教えることで効率的に育つ力といえるが，生徒は棒暗記に陥りがちであり，日常生活の課題解決や他教科の学習に使える知識にはなかなかならない。知識は活用できるものとして身に付けさせる必要がある。「思考力，判断力，表現力等」と「主体的に学習に取り組む態度」は，生徒が主体的に関わる学習活動によって育つ性質のものである。この点における授業改善が求められるところである。

(2) 科学技術の進歩の速い社会（コンピュータが万能に近い働きをする社会）

科学技術の進歩については先生方ご自身の仕事の仕方も大きく変化しているので，実感されておられることであろう。21世紀はSociety 5.0の世界であるといわれている。

1.0 狩猟社会　　2.0 農耕社会　　3.0 工業社会　　4.0 情報社会

5.0 ロボット，人工知能，ビッグデータ等の先進技術を活用し新たな価値を創出する社会

　囲碁も将棋も人工知能がプロ棋士を脅かす世の中である。20世紀に存在した職業が様変わりをしている。それに合わせて GIGA スクール構想が策定されている。そもそも GIGA スクール構想に至る社会分析には次のような識者の考えが背景にあることを認識しておきたい。

○労働者が財やサービスを提供すること自体はさほど付加価値を生まなくなり，マーケティング，研究開発，ビジネスモデルの構築こそが高い付加価値を生む。つまり知的労働の価値が高まり，「頭脳資本主義」が進展する。（神戸大学名誉教授　松田卓也）

○頭脳資本主義が本格的に到来すれば，今後の人口減少は直接的な問題でなくなる。教育レベルを引き上げ，研究開発を促進して「頭脳」を高めることで克服できる。

　その一方で頭脳資本主義は格差という深刻な問題を生じさせる。頭脳を振り絞って稼ぎまくる人と，肉体を酷使して安い賃金に甘んじる人に分けられる。（駒澤大学准教授　井上智洋）

○アメリカでは既に，コールセンターや旅行会社のスタッフといった中間所得層が従事する「事務労働」が増大し，労働市場の二極化が起きている。日本の労働市場も，徐々に「事務労働」では雇用が減り，肉体労働では人手不足が解消されなくなる。これが2030年頃までまだら状態が続き，これ以降は全面的かつ長期的な雇用減少が起きる可能性がある。（井上）

○今後，十分なスキルをもたないために雇用されない人々からなる巨大な「不要階級」が形成される。（イスラエル歴史学者　ユヴァル・ノア・ハラリ）

　このような学者たちの論がある中で，日本の世界デジタルランキングは29位という現実がある。したがって，日本経済の国際的な遅れは避けられないというのが経済界の見方である。このような状況において，日本の子供たちにもコンピュータを駆使できる力をつけたいという強い願いがある。これは妥当な願いである。

　しかしながら私たち国語の教師は，現行の学習指導要領に基づいて教育を実践するのであるから，学習指導要領に示された目標や内容にしたがった授業を行うのであり，目標の実現状況を見る評価をすることになっている。これらのことと ICT を使いこなす生徒の育成という目標との混同ははっきりと戒めたい。国語科の授業は ICT に堪能な子どもを育てるために行うのではなく，ICT を駆使することによって，授業の効率をよくしたり内容の充実を図ったりすることを目指しているのであり，学校全体の教育活動によって結果的に ICT に強い生徒が育つのである。

本書が提言する事例に共通する考え方は，中央教育審議会答申「『令和の日本型学校教育』の構築を目指して〜全ての子供たちの可能性を引き出す，個別最適な学びと，協働的な学びの実現〜（答申）」（令和３年１月26日）に示された方針によっている。この答申の内容については14ページから，本書の編著者である鈴木太郎氏が詳述しているので，ここでは簡単に触れるだけにするが，同答申では，個別最適な教育の実現のために，ICTの活用を協働的な学びとともに授業展開の重要な事項として位置付けている。しかし，それと同時に，「二項対立の陥穽に陥らない」として，デジタルとアナログの両方のよさを適切に組み合わせることの大切さを示している。そして，改革に向けた六つの方向性のうちの一つに「これまでの実践とICTとの最適な組み合わせ」の実現を挙げているのである。これはICTの導入にブレーキをかけているのではなく，目的と手段の混同に警鐘を鳴らしているのである。

　この答申を受けて，本書の事例にはICTの活用を授業の展開上重要な手段として位置付けているが，あくまでICTは学習指導要領国語に示された生徒の資質能力を育成するための適切な方法として選択し，提案している。

　なおICTの進歩は著しく，教育におけるICTの在り方を論じている間に，ICTの性質も能力も日進月歩で向上している。したがって議論すべき内容も日々変化している。現在はChatGPTが新たに登場し，教育の世界での使われ方が議論されている。教育におけるICTの功罪については早急な議論が求められているところである。

　また，現在，導入が決まっているデジタル教科書についての情報をまとめると次のようになる。（文部科学省「個別最適な学びと協働的な学びの一体的な充実に向けた教科書・教材・ソフトウェアの在り方について〜中間報告〜」令和４年11月21日 より）

①令和６年度より小学校英語教科書が新版になる。そこからデジタル教科書を導入する。
②令和６年度に中学校英語はまだ現行版であるが，小学校に合わせてデジタル教科書を導入する。令和７年度は新版のデジタル教科書になる。
③次にニーズの高い「算数・数学」で導入する。（時期未定）
④また外国人児童生徒へのアクセシビリティーなど，潜在的なニーズから「国語」でのデジタル教科書の必要性も高いと考える。（時期未定）
⑤当面は紙とデジタルのハイブリッドで授業する。児童・生徒が選べるようにすることも大切である。
⑥子供たちの学びの選択肢を増やしていくために，教科書のみならず教材やソフトウェアの様々な選択肢をどのように整えていくかという観点で今後も議論していく必要がある。
⑦デジタル教科書だけでなく，教材・ソフトウェアのアクセシビリティーも検討課題である。
⑧デジタル教科書と教材の連携を考える上で，MEXCBTや学習eポータルとの連携の在り方について検討が必要である。

いずれにしてもデジタル教科書の導入は近い将来確実になされる。これを活用した授業は教材提示や授業展開において大きく変化することになり，教師はそれも工夫していく必要があるが，現在のICT活用の中にも多くのヒントがあることに留意しておきたい。

(3) 長寿社会

　医療の発達や衛生環境の改善等により，日本では確実に平均寿命が延びている。このことも学校教育の在り方に大きな影響を与えている。すなわち学校を卒業してからの人生がかつてないほど長くなったのである。大学院まで学んでもそれから60年の人生が待っている。それに加えて現在は人類史上かつてないほど変化の速い社会が到来している。この両者を合わせて考えると，卒業時に学校で学んだことを，貯金を引き出すように使いながら生きていくことの難しさが分かる。人生において困難な課題に遭遇することは必ずあるが，人生が長く，かつ変化が激しければ，困難との遭遇も頻度を増し，内容も多様化することであろう。学校で学んだ公式では解決できない課題が社会にも家庭にも多くなることが想像できる。そこで必要なのは，課題に正対して知識を活用し，思考して解決する力である。そういう意味でも知識に偏るのでなく，課題を分析・対応するための思考力を育成すると同時に，困難にもめげずに解決策を見いだす粘り強さや，課題に対応するだけでなく，日頃から自らを高めようとする向上心の育成が求められるのである。

　また，生徒が卒業後の長い期間に充実した人生を送るために，教師は各教科の内容に興味・関心をもたせることに注力する必要がある。各教科特有の魅力を授業の中で十分に味わわせ，教科内容に親しみや有用性を感じさせることが大切である。国語で言えば，「読む」「書く」「話す」「聞く」の言語活動の楽しさを味わい，それを生活の中でも進んで生かす態度を育てることが肝要である。たとえ国語のテストでよい点数が取れても，学校の勉強以外で一切読書をしない生徒よりも，気軽に図書館に行って文学を楽しんだり調べごとをしたりする生徒の方が豊かな人生を送れるであろう。同様に，気軽に遠方の友に手紙（メール）を書いたり，人と楽しくコミュニケーションを取ったりする生徒を育てていきたいのである。

(4) 価値観の多様化した社会

　「主体的・対話的で深い学び」「協働的な学び」等の語が教育のキーワードになっている。本書もこれらの学びを含めた授業を提案している。これらの学びの前提は，人間は一人一人考えが異なるものであるということである。これはごく当たり前のことであるが，知識・技能の習得を中心に据えた教育では，真実という名の正解があり，生徒の解答は常に正答と誤答に峻別されている。それに対して，思考・判断は本来，個人的なものであり，個性の問題でもある。したがって思考・判断の力を育てるためには，多様な意見が許容できる課題の設定や自由に意

見が言える授業展開の工夫が必要なのである。

　例えば「4×6はいくつか」という算数・数学の問いは，このままでは協働的な学びにはならない。解は「24」しかないので，すぐに正答と誤答に峻別できてしまう。これをグループで話し合わせても，単なる答え合わせになってしまう。協働的な学びの本質は，他者の考えに触れ，自分の考えを深めることにあるのだから，少なくとも多様な考えがもてる問いにする必要がある。この場合も「24になる式を考えよう」とすれば多様な答えが許容されるし，「4×6＝24の式が活用できる文章題を作ってみよう」とすれば，もっと多様な意見が提示される。これであれば本来の協働的な学びが実現する。また，その中で「最も解きにくい文章題を作ろう」という条件を設定すれば，意見を交流する際の方向性も明らかになり，一層深い協働的な学びが実現できる。このように多様な考えが許容できる課題が大切なのである。

　前述の中央教育審議会答申「『令和の日本型学校教育』の構築を目指して」では，個別最適な学びの実現のために「『正解主義』と『同調圧力』」からの脱却を求めている。暗記を最大の目標にする授業は，一つの正解を求める活動に終始しがちだが，思考力や判断力を養う授業は多様な意見をお互いに認め合うことができ，それが生徒の主体性を引き出すことにもつながるのである。

　協働的な学びの展開の仕方の基本は次のようなものである。まず，生徒にそれぞれ自分の考えをもたせる。その考えをもって交流の場面に臨ませる。そこで他者の多様な意見を聞き，自分の意見を再構築したり深めたりする。この流れによって協働的な学びが成立する。したがってその形態は「個→集団→個」となることが基本である。課題に対して自分の意見をもつために十分な考察をすることがなければ，他者の意見のよいところも分からないであろう。また自分の意見をもたずにグループ活動に入れば，声の大きい生徒に同調してしまうことになるからである。また，協働的な学習の話し合いは必ずしも一つの結論を導き出すためのものではないので，拙速に「班の意見」などを求めないようにすることも大切である。

　なお，協働的な学びを成立させるには，話し合い活動を通すだけでなく，書物やインターネットによって他者の意見に触れることでも可能である。しかし，自分の考えをもつことが前提であることは同様である。

　以上の授業改善の方向性の中で国語科の授業の在り方も考えていくべきである。本書で提案する授業が読者の授業の充実に資することを期待している。

（田中　洋一）

II 「個別最適な学び」と「協働的な学び」の一体的な充実を

　中央教育審議会「『令和の日本型学校教育』の構築を目指して〜全ての子供たちの可能性を引き出す，個別最適な学びと，協働的な学びの実現〜（答申）」（令和３年１月26日，以下「令和３年答申」）は，「はじめに」で次のように述べている。

　本答申は，第Ⅰ部総論と第Ⅱ部各論から成っている。総論においては，まず，社会の変化が加速度を増し，複雑で予測困難となってきている中，子供たちの資質・能力を確実に育成する必要があり，そのためには，新学習指導要領の着実な実施が重要であるとした。その上で，我が国の学校教育がこれまで果たしてきた役割やその成果を振り返りつつ，新型コロナウイルス感染症の感染拡大をはじめとする社会の急激な変化の中で再認識された学校の役割や課題を踏まえ，2020年代を通じて実現を目指す学校教育を「令和の日本型学校教育」とし，その姿を「全ての子供たちの可能性を引き出す，個別最適な学びと，協働的な学び」とした。（p.1，2）

　ここで述べているように，令和３年答申は，総論において，現行の学習指導要領を着実に実施するための新たな学校教育の姿を「令和の日本型学校教育」とし，その姿を「個別最適な学び」と「協働的な学び」というキーワードを用いて具体的に描き，目指すべき方向性を社会と共有しているのである。そして，次の一文にあるように，「個別最適な学び」と「協働的な学び」を一体的に充実することを通して，学習指導要領のキーワードの一つである「主体的・対話的で深い学び」の実現に向けた授業改善を図ることの必要性を示している。

　各学校においては，教科等の特質に応じ，地域・学校や児童生徒の実情を踏まえながら，授業の中で「個別最適な学び」の成果を「協働的な学び」に生かし，更にその成果を「個別最適な学び」に還元するなど，「個別最適な学び」と「協働的な学び」を一体的に充実し，「主体的・対話的で深い学び」の実現に向けた授業改善につなげていくことが必要である。（p.19）

　令和３年答申の各論が，総論で描いた「令和の日本型学校教育」の実現に向けた具体的な方策を述べているように，「令和の日本型学校教育」を実現するためには，今後，様々な学校教育の在り方を改善していくことが必要である。その一方で，今，令和３年答申が示している「個別最適な学び」と「協働的な学び」の一体的な充実という学びの姿について考えることは，各学校が取り組んでいる授業改善の一層の推進に役立つものであると考えられる。

　では，中学校国語科の特質に応じ，地域・学校や生徒の実情を踏まえながら，授業の中で「個別最適な学び」と「協働的な学び」を一体的に充実し，「主体的・対話的で深い学び」の実現に向けた授業改善につなげていくとはどのようなことなのだろうか。以下，中学校国語科の授業に即し，令和３年答申の内容を確認しながら考えてみよう。

1 「個別最適な学び」と中学校国語科の授業

　令和３年答申では，「個別最適な学び」の具体的な在り方として「指導の個別化」と「学習の個性化」を示している。そこで，まずは令和３年答申が示す「指導の個別化」と「学習の個性化」を確認しながら，中学校国語科の授業の在り方を考えていくことにしよう。

(1)　「指導の個別化」と中学校国語科の授業

　「指導の個別化」について，令和３年答申は，次のように述べている。

　全ての子供に基礎的・基本的な知識・技能を確実に習得させ，思考力・判断力・表現力等や，自ら学習を調整しながら粘り強く学習に取り組む態度等を育成するためには，教師が支援の必要な子供により重点的な指導を行うことなどで効果的な指導を実現することや，子供一人一人の特性や学習進度，学習到達度等に応じ，指導方法・教材や学習時間等の柔軟な提供・設定を行うことなどの「指導の個別化」が必要である。(p.17)

　ここでは，「指導の個別化」の目的が「全ての子供に基礎的・基本的な知識・技能を確実に習得させ，思考力・判断力・表現力等や，自ら学習を調整しながら粘り強く学習に取り組む態度等を育成するため」と，学習指導要領において三つの柱で整理された資質・能力の確実な育成であることを明確に示している。このことを前提に，例示されている「指導の個別化」の考え方に基づいて，国語科の授業における指導の工夫の例を考えてみよう（【表１】参照）。

【表１】

「指導の個別化」の考え方（例）	国語科の授業における指導の工夫（例）
支援の必要な子供により重点的な指導を行うことなど。	（例１）　単元の評価規準について，「Ｂと判断する状況」を想定するとともに，「Ｃと判断する状況への手立て」を想定して授業に臨み，実際の学習活動に即して目標に準拠した評価を行い，Ｃと判断する状況に該当する生徒に対して適切な手立てを講じるなど。
子供一人一人の特性や学習進度，学習到達度等に応じ，指導方法・教材や学習時間等の柔軟な提供・設定を行うことなど。	（例２）　生徒の特性や学習進度，学習到達度等に応じて数種類のヒントカードやワークシート等を作成し，一人一人に適したものを使用させるなど。 （例３）　学校の授業では単元Ａの途中まで学習を進め，別の単元Ｂの学習に入る。その間，家庭学習等を活用して各自の学習進度等に応じて単元Ａの学習を継続する。単元Ｂの終了後等に，学校の授業で単元Ａにおけるその後の学習を進めるなど。

※上記は，令和３年答申が示している「指導の個別化」の考え方をもとに，中学校国語科における指導の例として考えられるものの一部を示したものであり，この他にも様々な指導の工夫が考えられる。

【表１】の（例１）のような指導の工夫は今までも実践されてきたものであり，「『指導と評価の一体化』のための学習評価に関する参考資料【中学校国語】」（令和２年３月　国立教育政策研究所）に掲載している各事例でも，具体的な指導の例を示している。最近では，ICTの活用により一層効果的に実践する事例も見られる。例えば，生徒が１人１台端末により文章を入力した後，共同編集機能を用いて互いに文章を読み合い，助言をコメントとして入力し合うような場面で，教師も生徒の文章を読み，単元の評価規準に基づいて評価し，「Ｃと判断する状況への手立て」として個別のコメントを入力することで指導する実践や，提出機能により提出された生徒の作品等にコメントを付けて戻し，再提出させるような実践などである。（生徒の学習状況を確認し，複数の生徒に同じようなつまずきが見られるような場合には，気を付けるべき点や改善点について，つまずきに応じたグループを編成してグループ別に指導したり，学級全体に指導したりすることが効果的な場合もある。生徒の学習状況を把握し，その課題に応じて適切な指導を行うことで，目標とする資質・能力の確実な育成を図ることが大切である。）

　【表１】の（例２）のような指導の工夫は，これまで紙媒体で実践されてきたが，ICTの活用により，例えば，生徒のつまずきを想定して数種類のヒントカード等を電子データで作成し，分かりやすいタイトルを付けて共有フォルダに保存しておき，生徒の学習状況に適したヒントカード等を１人１台端末で参照させることもできるようになった。ヒントカード等の他にも，スピーチの話題や意見文の題材等に関する新聞記事等の資料を，電子ファイルとして共有フォルダに保存しておき，生徒の学習状況に応じて，必要な資料を参照させることも考えられる。ヒントカード等を使用する場面は，単元の序盤・中盤において学習の進め方がうまくいかない生徒の状況に応じて用いるような場合もあれば，単元の終盤において全体で取り組む学習が早く終わった生徒に発展的な課題に取り組ませるような場合もあるだろう。

　「学習時間等の柔軟な提供・設定」については，これまでは，授業時間内に学習を終えられなかった場合に，個別に家庭学習で取り組むことを課したり，昼休みや放課後等の時間を活用した補充学習等を行ったりすることが多かったのではないだろうか。これは，全ての生徒が同じ進度で学習を行うことを前提として計画を立て，計画通りに学習を終えられなかった生徒に授業時間外の学習を補充するという考え方といえる。しかし，そもそも一人一人の特性や学習進度，学習到達度等が異なっているという前提に立つことで，【表１】の（例３）の単元Ａのように，学習目標の達成を目指して一人一人が家庭学習等を活用しながら学習時間を調整できるように単元の計画を工夫することも考えられるだろう。また，従来から取り組まれてはいるが，単元の学習内容に応じて，事前に教材文等を読んで気になる語句の意味や分からない事柄等について調べたり，スピーチや意見文等の話題や題材について情報を収集したりするなどの予習や，学習内容の振り返り等を行う復習に関する指導の在り方も，「指導の個別化」という点から捉え直し，充実させていくことが重要である。

　いくつかの例を挙げたが，大切なのは，授業に参加している多様な生徒一人一人の特性や学

習進度，学習到達度等を踏まえ，指導方法・教材や学習時間等を柔軟に提供・設定することや，支援の必要な生徒により重点的な指導を行うことで，全ての生徒が必要な資質・能力を身に付けられるようにすることである。

(2) 「学習の個性化」と中学校国語科の授業

「学習の個性化」については，令和３年答申は，次のように述べている。

　基礎的・基本的な知識・技能等や，言語能力，情報活用能力，問題発見・解決能力等の学習の基盤となる資質・能力等を土台として，幼児期からの様々な場を通じての体験活動から得た子供の興味・関心・キャリア形成の方向性等に応じ，探究において課題の設定，情報の収集，整理・分析，まとめ・表現を行う等，教師が子供一人一人に応じた学習活動や学習課題に取り組む機会を提供することで，子供自身が学習が最適となるよう調整する「学習の個性化」も必要である。(p.17)

「指導の個別化」は，学習指導要領が示す資質・能力を全ての生徒に確実に育成するための指導の工夫と考えることができる。そして，「学習の個性化」は，一人一人の生徒が自らの興味・関心・キャリア形成の方向性等に応じて主体的に学習に取り組むことで，自らの資質・能力や個性等をさらに伸ばしていくことを大切にする学習の在り方と考えることができるだろう。当然，どちらも，学習指導要領が示す資質・能力の育成を図る上で重要となる考え方である。そこで，中学校国語科の授業において，生徒の興味・関心・キャリア形成の方向性等に応じ，生徒一人一人に応じた学習活動や学習課題に取り組む機会を，どのように提供することができるかについて考え，いくつかの例を【表２】に示した。

例えば，【表２】の（例１）や（例２）のような場合，生徒が自らの興味・関心・キャリア形成の方向性等に応じて，社会生活から話題や題材を設定し，情報を収集しながら内容を検討する学習活動を設定することが考えられる。このような学習を行う際には，突然，ある日の国語の授業で「社会生活から，話題（題材）を設定し，情報を収集しましょう」などと生徒に伝えるのではなく，生徒が見通しをもって学習に取り組むことができるよう，自らの興味・関心に基づく課題や，職業や自己の将来に関する課題等を踏まえて取り組む総合的な学習の時間における探究的な学習，特別活動における「一人一人のキャリア形成と自己実現」に関する学習等と関連付けたカリキュラム・マネジメントを行うことが重要である。

また，【表２】の（例３）から（例５）までのような場合，生徒一人一人が自らの興味・関心・キャリア形成の方向性等に応じて，様々な資料，詩歌や小説，報道文等を選ぶであろう。このような際も，ICT を活用することで，従来よりも幅広く生徒が自らに適した文章を選ぶことができる。なお，このような学習を効果的に行うためには，日頃から様々な文章に接することができるように，学校生活全体における言語環境の整備や読書活動の充実等が大切である。

いくつかの例を挙げたが，これらの学習において，うまく学習を進めることが難しい場合には，「指導の個別化」の例で挙げたように，それぞれの生徒の状況に応じて，話題や題材を設定したり情報を収集したりできるような指導を工夫することが大切である。このように，「指導の個別化」と「学習の個性化」とは相互に関連し合って，効果的な指導や学びが実現されていくものと考えられる。実際の指導に当たっては，学習指導要領が示す資質・能力の確実な育成を図るとともに，生徒一人一人の個性等を生かしながらその資質・能力をさらに伸ばすことができるように，各学校の実態等に応じて柔軟に指導を工夫できるようにしたい。

【表2】

	重点的に指導する指導事項の例	言語活動の例
（例1） A話すこと・聞くこと 第3学年	目的や場面に応じて，社会生活の中から話題を決め，多様な考えを想定しながら材料を整理し，伝え合う内容を検討すること。（A(1)ア）	関心のある社会的な問題について自分が考えた提案や主張をスピーチする。 （関連：A(2)ア）
（例2） B書くこと 第2学年	目的や意図に応じて，社会生活の中から題材を決め，多様な方法で集めた材料を整理し，伝えたいことを明確にすること。（B(1)ア）	関心のあるニュースについて考えたことを意見文にまとめ，新聞に投書する。 （関連：B(2)ア）
（例3） C読むこと 第1学年	目的に応じて必要な情報に着目して要約したり，場面と場面，場面と描写などを結び付けたりして，内容を解釈すること。（C(1)ウ） ※特に下線部の内容を指導	学校図書館等を利用し，興味のあるテーマに関する資料から情報を得て，自分が紹介したい内容をリーフレットにまとめる。（関連：C(2)ウ）
（例4） C読むこと 第2学年	文章を読んで理解したことや考えたことを知識や経験と結び付け，自分の考えを広げたり深めたりすること。（C(1)オ）	学校図書館等で気に入った詩歌や小説などを探して読み，考えたことを伝え合う。 （関連：C(2)イ）
（例5） C読むこと 第3学年	文章の構成や論理の展開，表現の仕方について評価すること。（C(1)ウ）	関心のあるニュースについて報道した文章を比較して読み，考えたことを文章にまとめる。（関連：C(2)ア）

※上記は，令和3年答申が示している「学習の個性化」の考え方を参考にして構想した単元において，重点的に指導する〔思考力，判断力，表現力等〕の指導事項と言語活動の例を示したものであり，この他にも様々な指導の工夫が考えられる。

(3) 「個別最適な学び」と「個に応じた指導」

ここまで，「指導の個別化」と「学習の個性化」という点から，中学校国語科における学習活動の充実の方向性について考えてきた。令和3年答申では，「『指導の個別化』と『学習の個性化』を教師視点から整理した概念が『個に応じた指導』であり，この『個に応じた指導』を学習者視点から整理した概念が『個別最適な学び』である。」（p.18）と示している。

「個に応じた指導」については，中学校学習指導要領の第1章総則第4の1の(4)で示しているが，その内容は，これまでいくつかの例を挙げながら考えてきた中学校国語科における学習活動の充実の方向性と重なるものである。これからの学校教育では，「主体的・対話的で深い学び」の実現に向けて不可欠となる「個に応じた指導」について，教師視点から捉えるだけでなく，学習者視点から捉え直すとともに，ICTを効果的に活用するなどして授業改善を進め

ていくことが重要であろう。

2 「協働的な学び」と中学校国語科の授業

「協働的な学び」については，令和３年答申では次のように示している。

　さらに，「個別最適な学び」が「孤立した学び」に陥らないよう，これまでも「日本型学校教育」において重視されてきた，探究的な学習や体験活動などを通じ，子供同士で，あるいは地域の方々をはじめ多様な他者と協働しながら，あらゆる他者を価値のある存在として尊重し，様々な社会的な変化を乗り越え，持続可能な社会の創り手となることができるよう，必要な資質・能力を育成する「協働的な学び」を充実することも重要である。

　「協働的な学び」においては，集団の中で個が埋没してしまうことがないよう，「主体的・対話的で深い学び」の実現に向けた授業改善につなげ，子供一人一人のよい点や可能性を生かすことで，異なる考え方が組み合わさり，よりよい学びを生み出していくようにすることが大切である。「協働的な学び」において，同じ空間で時間を共にすることで，お互いの感性や考え方等に触れ刺激し合うことの重要性について改めて認識する必要がある。(p.18)

　現在，１人１台端末があることで，「個別最適な学び」（教師視点からは「個に応じた指導」）を従前と比べて幅広く行うことが可能となった。しかし，「個別最適な学び」だけを追求し，生徒の学びが「孤立した学び」になってしまっては，「主体的・対話的で深い学び」の実現を図ることは難しくなるだろう。したがって，中学校国語科の授業においても，自分とは異なるものの見方や考え方をもつ様々な他者と対話することで，自分の考えを広げたり深めたりする機会や，一人では気が付かなかった視点から自らの学習の状況を捉えて学習の進め方を工夫する機会などを設定し，「個別最適な学び」と「協働的な学び」を一体的に充実していくことを通して「主体的・対話的で深い学び」を実現できるようにすることが大切である。その際，対話的な学習活動が，「異なる考え方が組み合わさり，よりよい学びを生み出していくようにする」ものとなるよう，学習課題の設定やグループの編成等を工夫することが重要である。

　また，ICTを活用した対話的な活動を行う際も，形式的な対話的活動にならないよう留意することが必要である。例えば，共同編集機能を用いて各自の考えをコメントの入力で伝え合うような学習の場合，コメントの内容が理解できるものであったり，コメントを読んだ後に双方向でのやり取りができたりすれば，対話が成立し学習が深まっていくであろう。しかし，コメントの内容が理解できないものだったり，コメントの内容を確かめるための質問もできなかったりするような場合などは，対話が成立せず，学習も深まらないはずである。形式的にはICTを活用した「協働的らしい学び」であっても，実際には「主体的・対話的で深い学び」

の実現に向かっていない……ということは避けなくてはならない。

　そのためにも，生徒の学びの状況を丁寧に捉え，必要に応じて，その学びを深められるような手立てを講じることが大切である。例えば，コメントの入力内容が短く，互いの考えを十分に伝え合うことができていないと判断したら，コメントを入力した生徒同士で話し合う時間を短時間でも設定することなどが考えられる。また，グループでコメントを入力し合った後に，そのコメントをもとに話し合わせるような場合には，教師が各グループの話し合いの状況を確認しながら，コメントをもらった生徒にその意味を説明させ，コメントの意味を理解しているかを確かめたり，ある生徒のコメントが妥当かどうかを別の生徒に判断させたりして学習を深められるように指導することも重要である。いずれにしても，コメント機能を用いているから「協働的な学び」であるとか，コメントの入力ができていれば学びが深まっているなどと，形式的な面のみに着目して生徒の学習を捉えるのではなく，異なる考え方が組み合わさり，よりよい学びを生み出せるように，自校の実態や生徒の学習の状況等に応じて柔軟に学習の形態や教師の指導を工夫することが大切である。

3　「主体的・対話的で深い学び」の実現に向けた授業改善

　今，学校現場には，多様な子供たちに対して，学習指導要領が示す資質・能力を確実に育成するとともに，一人一人の個性を伸ばしていくことが求められている。そのための有効な手立てとなるのが，教科等の特質に応じ，地域・学校や児童生徒の実情を踏まえながら，「個別最適な学び」と「協働的な学び」を一体的に充実することなのではないだろうか。これは，学校の教育課程全体で取り組むとともに，これまで述べてきたように中学校国語科の授業改善としても取り組むことができるものでもある。

　その際，留意したいのは，「個別最適な学び」と「協働的な学び」が実現できたかどうかで自らの授業を振り返るのではなく，「個別最適な学び」と「協働的な学び」の一体的な充実を通して，「主体的・対話的で深い学び」が実現できたかという視点で授業改善に取り組むということである。このことは，つまり，学習指導要領が示している資質・能力を，どの程度育成することができたかということを評価する「目標に準拠した評価」を適切に行うとともに，生徒のよい点や進歩の状況等を評価する「個人内評価」を積極的に行いながら，自らの授業を振り返り，指導の改善や学習意欲の向上を図り，資質・能力の育成に生かすようにすることを意味する。引き続き，学習指導要領が示す資質・能力を丁寧に理解し，学習評価の充実を図り，指導と評価の一体化を進めていくことが肝要である。

（鈴木　太郎）

2章

「個別最適な学び」と「協働的な学び」の
一体的な充実を通じた授業改善を図るプラン

合意形成に向けて話し合う・話し合い

01

教材　「合意形成に向けて話し合おう　課題解決のために会議を開く」(光村)

1　単元について

　本単元は，第1学年でのスピーチやグループ・ディスカッション，第2学年でのプレゼンテーションや討論，そして第3学年でのスピーチ等で学んできたことを生かしながら，「話すこと聞くこと」のまとめの単元として設定されている。身近な課題について話し合い，多種多様な意見を生かしながら，目的が達成できるか，実現性はどのくらいあるか等の観点を踏まえて検討し，クラスで提案をまとめ，合意形成に導く力をつける学習活動とする。

　教科書通りに学習を進めると，まずグループごとに地域社会や学校生活の中から解決したい課題を見つけ，次にグループでその課題に対する具体的な提案を考え，クラスで全体会議を開き，最後のまとめとして話し合いを振り返って単元の学習を終えるという展開となる。今回は，教科書に例示されているクラスでの全体会議という形式に取り組む前に，小グループで一人一回は司会を担当する短時間の話し合いとその振り返りの機会を複数回設けるように単元を構想することで，「進行の仕方を工夫したり互いの発言を生かしたりしながら話し合い，合意形成に向けて考えを広げたり深めたりすることができる」という単元目標の達成を目指した。

2　単元の目標・評価規準

(1)　具体と抽象など情報と情報との関係について理解を深めることができる。

〔知識及び技能〕(2)ア

(2)　進行の仕方を工夫したり互いの発言を生かしたりしながら話し合い，合意形成に向けて考えを広げたり深めたりすることができる。　　〔思考力，判断力，表現力等〕A(1)オ

(3)　言葉がもつ価値を認識するとともに，読書を通して自己を向上させ，我が国の言語文化に関わり，思いや考えを伝え合おうとする。　　「学びに向かう力，人間性等」

ICT の活用場面

[ツール・アプリ等] 検索ブラウザ　録音・動画撮影機能　Google Jamboard

●第2～4時　話題に関する情報を調べる。（検索ブラウザ）

　　　　　　振り返りに備えて，話し合いの様子を記録に残す。（録音・動画撮影機能）

●第4時　　全体会議で，各グループの意見を座標軸で整理して検討する。
　　　　　　（Google Jamboard，プロジェクター）

知識・技能	思考・判断・表現	主体的に学習に取り組む態度
①具体と抽象など情報と情報との関係について理解を深めている。((2)ア)	①「話すこと・聞くこと」において，進行の仕方を工夫したり互いの発言を生かしたりしながら話し合い，合意形成に向けて考えを広げたり深めている。（A(1)オ）	①積極的に進行の仕方を工夫したり互いの発言を生かしたりしながら，学習課題に沿って議論をしようとしている。

A　話すこと・聞くこと

B　書くこと

C　読むこと

3　単元の指導計画（全4時間）

時	主な学習活動 ★個別最適な学びの充実に関連する学習活動 ●協働的な学びの充実に関連する学習活動	・評価規準と評価方法
1	・教科書pp.135～139を参考に教師が作成した，合意形成を目指す話し合いにおけるポイントを読む。 ・プリントに打ち直した教科書p.135の「話し合いを効果的に進める」の例題に取り組み，多様な意見が出たときにどのように進行を提案するか個人で考える。 ●グループで話し合い，提案をまとめる。 ・授業冒頭のポイントに照らし合わせながら，全体で共有する。 ・プリントに打ち直した教科書p.138の「お年寄りとの交流を深めるために私たちにできること」の話し合いの進行についての提案を個人で考える。 ●1回目の例題同様に，グループで話し合い，提案をまとめた後，ポイントに照らし合わせながら，全体で共有する。 ★例題演習を踏まえ，次回の話し合いにおける「個人目標」を設定する。 （★次回話し合う四つの話題を事前に提示する。）	

2	・前回の四つの身近な話題をもとに自分の意見を考える。 （●話し合いを始める前に，数人指名し，前回設定した個人目標を発表してもらう。級友の発言でポイントを確認する。） 　司会としての基本的な役割を提示する 　テーマの提示→指名して意見を発表させる→話し合いの進行の方向性や観点の提案 ●4人程度のグループで話題ごとに司会を替えながら，四つの話題について合意形成を目指して話し合う。話し合う時間は一つの話題につき6分程度にし，全員が司会の立場を経験する。 ・個人で振り返りを行う。	［知識・技能］① ワークシート ・話し合いにおいて，提案の分類や整理，大まかな方向付けといった抽象化や，提案が具体化された場面について理解している。
3	●前時の振り返りとして，合意形成を目指す話し合いのポイントを共有する。 ・教科書の二次元コードを読み込み，クラスの全体会議の流れを確認する。 ●次回の全体会議に向けて，話題について自分の意見を考えた後，グループで話し合う。 ★グループでの話し合いの振り返りを個人で行う。 （参考にできるように前時の振り返りを共有フォルダに入れておく。） ・全体会議の司会と書記を選出する。	［思考・判断・表現］① 観察・ワークシート ・学級全体が納得できる結論を目指して，それぞれの発言を取捨選択したり結び付けたりしながら話し合い，考えを広げたり深めたりしている。 ［主体的に学習に取り組む態度］① ワークシート ・どの発言や進行の工夫が合意形成に向けて効果的であったか，あるいはどうすればより効果的であったかについて振り返り，次の話し合いに生かそうとしている。
4	●前時に確認した進め方に従ってクラスで全体会議を行う。 　全体会議の流れ（教科書 p.138，139参考） 　議題の確認→グループごとの提案→提案の分類・整理 　【Google Jamboard 活用】→目的の合致度や実現性などの観点を決めて検討→互いの意見を生かして合意形成 　　※今回は各グループの発表後に，意見のある生徒から順次発表や提案をするのではなく，「グループごとの提案」後にグループでどのように進行したり分類や整理を提案したりすればよいかを考える時間を取る。全体の場での発言者は限られるが，このように全員で検討し，考えを深めたり広げたりする場を設ける。 ★全体での話し合いの振り返りを個人で行う。 ●グループで振り返りを回し読みして感想を述べ合い，その中から一つずつをクラス全体で共有する。	［思考・判断・表現］① 観察・ワークシート ・学級全体が納得できる結論を目指して，それぞれの発言を取捨選択したり結び付けたりしながら話し合い，考えを広げたり深めたりしている。（前時の評価場面で十分に見取ることができなかった生徒やCと判断した生徒を中心に評価する。）

4 個別最適な学びと協働的な学びの充実に向けた指導のポイント

(1) 個別最適な学びを充実させる視点から

　本単元では，身近な課題についての提案をグループやクラス全体で話し合い，合意形成を目指す言語活動に取り組む。第1時で，例題の演習を通して合意形成を目指す話し合いに必要なことを確認した後に，単元の目標を踏まえ，次回の話し合いに向けて「個人目標」を設定することで，それぞれのねらいをもって臨めるようにする。

　第2時と第3時では，話題について個人の考えをまとめられるように，事前に話題を伝えておき，家庭学習の時間等を活用して各自が自分の得意とする学習の進め方で情報を収集したり，意見を考えたりして授業に臨めるようにする。また授業内で自分の考えをまとめる際には，一定時間個人で思考した後に，「一人で沈思黙考する，インターネットを活用して情報を収集する，周囲の人と相談しながら考える，教師と対話する」など，それぞれが自己の課題解決に適切だと考える方法で取り組むようにする。

　この単元では，全ての時間の話し合いの度に振り返りを行う。振り返りの際には，話し合いでの具体的な発言をベースとして，その発言が果たした役割や効果を検討する。発言を振り返る際には，「個人で発言を想起する，グループのメンバーと確認し合う，1人1台端末の録音機能や撮影機能で残した記録を見直す」など，自己に適した振り返りの手段を選ぶことができるようにする。また，振り返った内容の記述をもとに，教師は「主体的に学習に取り組む態度」の評価を行う。このとき，「Cと判断する状況」に該当する生徒には，本単元の学習の目標を十分に理解できていない，具体と抽象など情報と情報との関係について理解を深められていない，進行の仕方を工夫したり互いの発言を生かしたりしながら話し合いを進める方法を理解していない，合意形成をするということがどういうことかを理解していないなど，様々な学習上のつまずきがあると考えられる。このような状況で学習を進めても，本単元で育成を目指す資質・能力を身に付けることは難しいであろう。このような生徒が，どこでつまずいているのかを見るため，個別に声をかけ，学習の進め方を調整できるよう，教科書pp.135〜139を参考に授業者が作成した「合意形成を目指す話し合いにおけるポイント」に立ち戻らせるなどして，それぞれの状況に応じた重点的な指導を行った。

(2) 協働的な学びの充実に向けた視点から

　本単元で取り組む合意形成に向けて話し合う学習活動自体が，様々な考えをもつ生徒同士が理解を求めてグループや全体で話し合うという点で「協働的な学び」そのものであるが，他にもいくつか他者と協働して考えを広げたり深めたりする場面を設ける。

　まず，話し合いの基本となる，話題に対する自分の意見を構築する場面では，個人で考える場面を一定時間取った後に，周りと相談してもよい時間を取る。その際に，その後の話し合い

A 話すこと・聞くこと

B 書くこと

C 読むこと

で似たような意見ばかりになって話し合いの広がりや深まりが進まないことのないように，事前に話し合いのメンバーを提示し，自由に歩き回るなどして元のメンバー以外と相談するように伝える。

　次に，話し合い活動をするという体験だけで終わらせずに，「主体的に学習に取り組む態度」の育成を図る上で重要な，体験して学んだことを言語化する「振り返り」の場面でも，「協働的な学び」を生かした方法を取る。具体的には「個別最適な学び」の充実にも関わるが，前回の「振り返り」でポイントを踏まえて書いてある生徒の文章をデータとして取り込んでおき，共有フォルダから閲覧可能にしておくことで，生徒間で振り返りの仕方や振り返る際の観点を学べるようにする。また，話し合いの前には，「進行の仕方の工夫・互いの発言を生かした内容・合意形成に向けて考えを広げたり深めたりした展開」など，単元の目標に迫る内容の記載がある前回の「振り返り」を書いた生徒を数名指名し，全員の前で文章を発表させる。その後，それらの振り返りのよかった点や，自分の振り返りとの違いなどについて数名で自由に話し合わせて発表させる。短時間ではあるが，このような協働的な学びを通して，自分では気が付くことができなかった，単元の目標を達成するための効果的な学習の進め方について考えを深めることができるようにしたい。

　さらに，この単元のメインであるクラスでの全体会議でも，「協働的な学び」の一層の充実を図った。教科書に示された進行では，グループの代表がそれぞれの提案をした後は，挙手制で提案の分類と整理，目的の合致度や実現性などの観点を決めて検討し，互いの意見を生かして合意形成をする流れになっている。そこで基本の展開は踏襲しつつも，展開の工夫を二点加える。一点目は，全体会議に取り組む前に，4人グループでの短時間の話し合いを4セット行うことである。これにより，全員が一度は司会の立場を経験するようにし，司会の立場からも進行の工夫等を考える機会を確保する。少人数で練習することにより，進行が滞った場合も，メンバーと相談して合意形成を目指すということに取り組みやすくなるはずである。二点目は，各グループの発表後に，意見のある生徒から順次発表や提案をするのではなく，「グループごとの提案」後にグループでどのように進行したり分類や整理を提案したりすればよいかを話し合う時間を取ることである。これにより，声の大きい生徒，積極性のある生徒だけが主導になって進めてしまう会議，多くの傍観者を生む会議になることを防ぐ。このような工夫により，生徒一人一人が話し合いに当事者意識をもって臨むとともに，様々な進行の案を検討しながら合意形成に向けて考えを広げたり深めたりする資質・能力を確実に身に付けられるようにした。

5 授業の実際

●第1時

・教師が教科書pp.135～139をまとめて作成した以下のような，合意形成を目指す話し合いにおけるポイントを確認する。

〈上達のポイント〉
・意見が分かれたときは，共通点と相違点を確認し，論点を確認する。
・論点が複数の場合は，全体に関わる大きな論点からより具体的な論点へと進める。
・話し合いの目的やこれまでの方向，進度や制限時間等を踏まえ，展開を考える。
・話し合いの目的を意識し，観点に沿って意見や提案を絞り込む。
・柔軟な態度で，互いの意見の長所を生かしてよりよい結論になるように協力する。

・プリントに打ち直した教科書p.135の「話し合いを効果的に進める」の例題に取り組み，多様な意見が出たときにどのように進行を提案するか個人で考えた後，グループで話し合い，提案をまとめる。その後，授業冒頭のポイントに照らし合わせながら全体で共有する。
・共有した内容を踏まえて，プリントに打ち直した教科書p.138の「お年寄りとの交流を深めるために私たちにできること」の話し合いの進行についての提案を個人で考えた後，グループで話し合い，提案をまとめ，全体で共有する。
・二つの例題演習で学んだことを振り返りながら，本単元の目標を踏まえ，次回の話し合いにおける「個人目標」を設定する。

〈個人目標設定〉
◎合意形成を目指すために，あなたは何を大切にして，どのようなことに気をつけて話し合いをしますか。

●第2時

・身近な話題を設定することで，現実問題として考えられるよう，今回の実践では「球技大会の種目」「奉仕活動の内容」「委員会の新規校内キャンペーン」「見直すべき本校の校則」の四つを話題として提示した。
・話し合いに入る前に，前時の授業で，合意形成を目指す話し合いにおけるポイントを踏まえて目標設定した生徒を指名し，記述内容を読み上げてもらうことで，前時で学んだことや話し合いで意識することをクラス全体で再確認させる。

・4人程度のグループで，司会を替えながら四つの話題について，合意形成を目指して話し合いを行う。一つの話題につき6分程度とする。

・話し合い活動の終了後，四つの話し合いのいずれかを選択し，振り返りを行う。

・話し合いの「振り返り」プリントは以下のような構成で作成した。また書き方の例を示すことで，どういった点に留意しつつ記述をするか参考にできるようにした。

---

①話題（お年寄りとの交流）

②自分が最初に考えた案

　→お年寄りの方々を招き，歌や演劇を披露する。

③グループで合意形成ができた内容

　→合唱コンクールに招待し，その後に文通を行う。

④自己評価　話し合いでの合意形成　→　できた（⑤・4・3・2・1）できなかった

⑤××さんが，出た意見を「行事に招待する」「こちらが伺う」「何か送る」の三つに分類してくれたので，話し合いの方向性が明確になった。そして司会の○○さんの「『交流を深める』という目的に対して効果的なものはどれだろうか」という発言をきっかけに，三つの分類のそれぞれのメリットデメリットなど，「目的に対して効果的か」という観点を明確にした話し合いができた。次に△△さんの「こちらが伺うのは日程の調整が必要なので大変だ」という発言から実現性という観点で話し合いが展開し，「合唱コンクールに招待する」という意見を採用することにした。話し合いで□□さんから新たに生まれた「文通する」を加えることでグループの意見がまとまったので，上手に合意形成ができたと考えた。

振り返りプリントの例

〈生徒記述例〉

・「球技大会の種目」についての話し合いの振り返りをした生徒の記述

　意見が出た後，最初に司会の○○さんが「球技大会を行う場所はどこなのか」という条件の確認をしてくれたので，「予定場所である体育館での実施が可能な球技か」という，現実的であるかの観点で話し合うことができました。またそれによりドッジボールとハンドボールに絞られたとき，□□さんが「前半と後半で二つの競技を行えばよい」という二つともが取り入れられた意見を出してくれたので合意形成ができました。

・「委員会の新規校内キャンペーン」についての話し合いの振り返りをした生徒の記述

　最初に「何を行うか」という大まかな話題について考え，そこから順序よく話し合いを進めることができた。特に「具体的な取り組み」を決める際，△△さんの「誰にどんなことを訴えたいのか」という発言をきっかけに，「誰が」「どのように」「誰に対して」の三つの面から話し合いを進行することができた。次に司会である私の「節電を呼びかけるポスターを作るのはどうでしょう」という発言から，より効果のある活動の内容を考え，全員の意見がまとまったため，上手に合意形成ができたと思う。

●第3時

・指定した数人の生徒に自らの振り返りを読み上げてもらい，合意形成を目指す話し合いのポイントを確認するとともに，級友の発表を通して振り返りの書き方を学ぶ。

・教科書の二次元コードを読み込み，クラスでの全体会議の流れを映像で確認する。

・次回の全体会議に向けて，話題について自分の意見を考えた後，グループとしての提案を何にするか合意形成を目指して話し合う。

・グループでの話し合いの振り返りを個人で行う。

（参考にできるように前時の振り返りを共有フォルダに入れておく。）

・全体会議の司会と書記を選出する。

●第4時

・前時で確認した進め方に従ってクラスで全体会議を行う。（司会の生徒には，進行の展開例や発する言葉の型などを示したプリントを渡し，司会進行の助けになるようにする。）

・全体での話し合いの振り返りを個人で行う。

・グループで振り返りを回し読みして感想を述べ合い，その中から一つずつをクラス全体で共有してまとめる。

〈生徒記述例〉

・最初は一人一人違った意見だったが，司会を中心に班員同士でそれぞれの利点や実現性について議論し，全体に提案することができた。しかし，なかなか意見がまとまらなかったので，「需要」と「それを行って規律が乱れるか」という観点で軸を作成し，それに基づいて話し合いをすることができた。特に▽▽さんの「図書室の利用時間を長くしてしまうと，図書室の方の労働時間も長くなる」という発言をきっかけに，「校則を変えることで悪影響を被る人がいるか」という新しい観点から話し合いをすることができた。結果，「ネックウォーマーの使用を許可する」という意見で合意形成ができた。

・まずは大まかな事柄から，そして具体的な事柄を決めていく流れは，司会が積極的に進行してくれたのでできていた。しかし班ごとで大きく意見が分かれてしまったため，最終的な合意形成まではできなかった。途中で☆☆さんの「体調に関わる問題であれば改善すべきだと思う」という発言から，生徒にとって最も需要が高いのはどれかという観点で考えることはできた。また司会以外でも，自ら積極的に計時係などをし，「○○時までに〜〜をしたらいいのではないでしょうか」といった提案をすべきだと考えた。

（緒方　　初）

場の状況に応じた話し方を工夫しよう

02

教材 「パブリックスピーキング　状況に応じて話す力を養う」(三省)

1　単元について

　本単元では，「場の状況に応じて自分の考えがわかりやすく伝わるように話す力」を重点的に育成するため，言語活動として「パブリックスピーキング」を設定した。生徒はこれまでにも人前で話す活動を幾度も行い，「相手」と「目的」を意識しながら取り組んできたが，生徒一人一人の話す力には様々な違いがある。そこで，本単元では，生徒がこれまでの自分のスピーチ活動を振り返り，学習の目標を踏まえながら，自分が伸ばしたい力や，課題となる点を明確にして自らの特性や学習進度，学習到達度等に応じて「パブリックスピーキング」に取り組めるようにした。このことにより，「場の状況に応じて自分の考えがわかりやすく伝わるように話す力」を確実に身に付けさせたい。また，「協働的な学び」として，「パブリックスピーキング」をする上で意識する点や，「パブリックスピーキング」のテーマを個人で考えた後，グループ，クラス全体で意見共有する時間を設ける。さらに，「パブリックスピーキング」の練習や発表を動画で撮影し，それをグループで見ることによって具体的なアドバイスをし合い，よりよい学びへとつなげていく。生徒が自身の目標に向かって意欲的に学習を進めていくことで，実践的な話す力を育んでいく。

2　単元の目標・評価規準

(1)　具体と抽象など情報と情報との関係について理解を深めることができる。

〔知識及び技能〕(2)ア

(2)　自分の立場や考えを明確にし，相手を説得できるように論理の展開などを考えて，話の構成を工夫することができる。　〔思考力，判断力，表現力等〕A (1)イ

(3)　場の状況に応じて言葉を選ぶなど，自分の考えが分かりやすく伝わるように表現を工夫することができる。　〔思考力，判断力，表現力等〕A (1)ウ

(4)　言葉がもつ価値を認識するとともに，読書を通して自己を向上させ，我が国の言語文化に関わり，思いや考えを伝え合おうとする。　「学びに向かう力，人間性等」

ICT の活用場面

[ツール・アプリ等] 動画視聴・動画撮影機能　Google Jamboard

●第1時　著名人のスピーチを動画で見る。（動画視聴機能）
　　　　　「パブリックスピーキング」のテーマを考え，全体で共有する。（Google Jamboard）
●第3時　自身のスピーチを動画で撮影し，練習する。（動画撮影機能）
●第4時　「パブリックスピーキング」を撮影し，グループで振り返りを行う。（動画撮影機能）

知識・技能	思考・判断・表現	主体的に学習に取り組む態度
①具体と抽象など情報と情報との関係について理解を深めている。（(2)ア）	①「話すこと」において，自分の立場や考えを明確にし，相手を説得できるように論理の展開などを考えて，話の構成を工夫している。（A(1)イ） ②「話すこと」において，場の状況に応じて言葉を選ぶなど，自分の考えが分かりやすく伝わるように表現を工夫している。（A(1)ウ）	①積極的に自分の考えが分かりやすく伝わるように表現を工夫し，今までの学習を生かして話そうとしている。

3　単元の指導計画（全4時間）

時	主な学習活動 ★個別最適な学びの充実に関連する学習活動 ●協働的な学びの充実に関連する学習活動	・評価規準と評価方法
1	・「パブリックスピーキング」を行う上で留意すべきことを考えるため，著名人のスピーチを見て，「場の状況に応じた言葉遣い，聞き手の反応に応じた語句の言い換えや内容の補足，視線の動かし方，問いかけ等」の話し方の工夫について，上手だと思った点を具体的に考える。 ●全体で「場の状況に応じた話し方の工夫」について，意見を共有する。 ★自身の今までのスピーチ活動を振り返り，自分が伸ばしたい力や課題となる点を明確にした上で，今回の学習で特に身に付けたい「場の状況に応じた話し方の工夫」を定める。	

	• パブリックスピーキングで自分が話す話題を決める。 ●社会生活や学校生活で問題・課題となっていることを考え，ワークシートに記入し，グループで協議して出た意見をGoogle Jamboardを用いて，全体で共有する。それらを参考に各自で話題を決定する。	
2	• スピーチの構成を考える。 • 相手と目的を意識する。 ★自分の意見（結論）とその根拠，根拠に関連する具体的な出来事や事実などを取り入れ，スピーチの構成を考え，ワークシートにスピーチメモを記入する。	[知識・技能] ① ワークシート • 自分の意見を支える根拠に関連する具体的な出来事や事実を挙げている。 [思考・判断・表現] ① ワークシート • 自分の考えを明確にし，聞き手に応じた説明を加えたり，具体的な事例を根拠として示したり，語句や文の効果的な使い方等を考えて話の組み立てを工夫している。
3	• パブリックスピーキングの練習を行う。 • 第1時に考えた「場の状況に応じた話し方の工夫」を意識してスピーチの練習を行う。 ●4人程度のグループになり，聞き手を意識し，スピーチの練習を行う。スピーチの様子は，動画で撮影し，聞き手は「場の状況に応じた話し方の工夫」について動画をもとに具体的にアドバイスをする。 ★アドバイスを参考にして「場の状況に応じた話し方の工夫」の修正案を考え，再度，自分のスピーチを録画し，個人で練習を繰り返す。	[主体的に学習に取り組む態度] ① 発表の様子・振り返りの記述 • 「場の状況に応じた話し方の工夫」に基づいて自分の話し方を振り返り，積極的に話し方の工夫の修正案を考え，次回のパブリックスピーキングで分かりやすく話そうとしている。
4	• 前時とは別のメンバーで4人程度のグループを構成し，「パブリックスピーキング」を行う。 ●スピーチの発表は動画で撮影する。全員の発表が終わった後，一人ずつの動画を見ながら，第1時に考えた「場の状況に応じた話し方の工夫」ができているかについて相互評価を行う。 ★自身の「パブリックスピーキング」を振り返る。自分の「場の状況に応じた話し方の工夫」の目標を達成できていたかについて自己評価し，今後の課題を考える。	[思考・判断・表現] ② 発表の様子（動画での観察も含む） • 場の状況に応じた言葉遣い，聞き手の反応に応じた語句の言い換えや内容の補足，視線の動かし方，問いかけ等の工夫を行い，自分の考えを分かりやすく伝わるように話している。（発表の様子で十分に見取ることができなかった場合に，動画で確認して評価を行う。）

4　個別最適な学びと協働的な学びの充実に向けた指導のポイント

(1) 個別最適な学びを充実させる視点から

　本単元では，第3学年〔思考力，判断力，表現力等〕A(1)ウが示す「場の状況に応じて言葉を選ぶなど，自分の考えが分かりやすく伝わるように表現を工夫すること。」が示す資質・能力を育成するため，「パブリックスピーキング」に取り組ませる。生徒はこれまでスピーチやグループディスカッション，プレゼンテーションなど，様々な言語活動を通して話すことの学習を行っている。また係や委員会活動など学校生活の中で，人前で話す機会は多々ある。状況に応じて話す力は日々の学校生活の中でも培われているが，一人一人の話す力は全員一律のものではない。そこで「個別最適な学び」の視点から，生徒一人一人が自身のスピーチを振り返り，「場の状況に応じて言葉を選ぶなど，自分の考えが分かりやすく伝わるように表現を工夫する」資質・能力に関して，自分がもっと伸ばしたい力や課題となる点を明確にした上で，自らの特性や学習進度，学習到達度等に応じて「パブリックスピーキング」に取り組めるようにした。

　第1時では，著名人のスピーチを動画で視聴し，本単元で重点的に育成する資質・能力を踏まえて，「場の状況に応じた言葉遣い，聞き手の反応に応じた語句の言い換えや内容の補足，視線の動かし方，問いかけ等」の話し方の工夫に着目させた。その上で，各自が上手だと思った点を具体的に考えさせ，クラスで共有する。その後，共有した「場の状況に応じた話し方の工夫」に基づき，自分はどのような話し方の工夫を行っていきたいか，「個人の目標」を立てる。生徒によっては，話の途中で聞き手に問いかけたり質問を促したりしながら理解を深めていくことを目標にしたり，聞き手のうなずきや反応を見て，声の大きさを変える工夫や内容の補足をする工夫を目標にしたりしていた。その一方で，なかなか目標を決めることができなかったり，単元の学習のねらいとは異なる目標を決めてしまったりする場合もある。そこで，単元の目標を踏まえながら，自らの特性やこれまでの学習到達度等に応じて自分が取り組むべき課題を明確にすることができるよう，一人一人の様子を丁寧に把握して気になる場合は声をかけてその生徒が困っていることを聞き取って助言するなど，重点的な指導を行う。

　また，本単元に入る2週間程度前から，学習内容を予告しておき，各自の興味・関心・キャリア形成の方向性等に応じて社会生活で問題・課題となっていることから，自分がパブリックスピーキングで取り上げたい話題を考えるように促したり，司書教諭と連携して学年の廊下に時事的に話題となっている新聞記事等を分かりやすく掲示したりすることで，事前に話題に関する情報収集を進められるようにしておいた。その上で，第1時でなかなか話題が決められない生徒に対しては，その生徒の興味・関心等に応じて，学年の廊下に掲示していた新聞記事等を参照させるなどして，話題を決められるよう重点的に指導した。

　第2時ではスピーチメモを作成する。冒頭の言葉などは指定せず，自分が最も伝えたい内容

を意識させた構成を生徒に考えさせる。また，支援が必要な生徒には教師が，初め，中，終わりに構成を分け，各々で話す例を記入したワークシートを配付し，それを参考に取り組ませる。本時に作成したスピーチメモは，学習支援ソフトの提出機能で提出させるが，この時点で，［知識・技能］①と［思考・判断・表現］①の評価規準に基づき「Ｃと判断する状況」に該当する生徒には，個別に助言するコメントを入れてすぐに返却することで，家庭学習等の時間を活用して第３時で練習に入る前にスピーチメモを改善できるようにした。

　第３時のスピーチの練習の際には，グループで受けたアドバイスをもとに，再度，個人での練習を繰り返す。教師は，グループでスピーチしている様子を観察し，［思考・判断・表現］②の評価規準で評価した場合に「Ｃと判断する状況」に該当しそうな生徒には，個別に声をかけ，グループでスピーチしている様子を撮影した動画を１人１台端末で教師に送らせた。教師は，それを見て，［思考・判断・表現］②の評価規準をもとに想定した「Ｂと判断する状況」と照らし合わせ，具体的な助言をコメントで送るとともに，必要に応じて声をかけるなどして重点的に指導する。このような工夫により，当該生徒が，確実に，「場の状況に応じて言葉を選ぶなど，自分の考えが分かりやすく伝わるように表現を工夫する」力を身に付けられるようにしたい。

(2) 協働的な学びの充実に向けた視点から

　「パブリックスピーキング」は個人で行うものであるが，他者の意見を参考に自分の考えを広げられるようグループ活動を多く取り入れた。第１時及び第２時では「パブリックスピーキング」を行う上で意識することや，社会生活や学校生活で問題・課題となっていることなど，個人で考えた後でグループ，クラスで考えを共有し，その後再び個人で考える時間をつくり，一人一人の考えがより深まるようにしていく。

　第３時では個人でスピーチの練習をした後，４人程度のグループになり練習を行う。話し手は聞き手を意識してスピーチを行い，聞き手は話し手が決めた「場の状況に応じた話し方の工夫」の目標を踏まえ，第１時に学習した「場の状況に応じた話し方の工夫」ができているかどうかを評価しながら聞き，アドバイスを行う。その際，録画した動画を確認しながら具体的にアドバイスをするように促す。こうすることで話し手は自分の姿を客観的に捉えることができ，自分一人では気が付かなかった新たな視点を得ることで，よりよい「場の状況に応じた話し方の工夫」を考えられるようになる。

　第４時では，第３時とは別のメンバーで４人程度のグループを編成してパブリックスピーキングを行うように設定した。ここでも，撮影した動画は発表を行った本人だけが見るのではなく，グループ全員で確認し，聞き手は実際の場面を示しながら，気付いたことや具体的なアドバイスを行う。前回とは異なるメンバーから新たな指摘や評価を受けられるようにするためである。

5　授業の実際

●第1時

　自分のスピーチ活動を振り返るワークシートを記入し，それをもとに「個人目標」を考えさせる。

　　　　「パブリックスピーキング」　状況に応じて話す力を養う　ワークシート

☆自分のスピーチ活動を振り返ろう。

①今までにどのような場面で人前で話をしてきましたか。具体的な場面を思い出し書いてみよう。

```
┌─────────────────────────────────────────┐
│                                         │
│                                         │
│                                         │
└─────────────────────────────────────────┘
```

②人前での発表やスピーチ活動は　　好き　・　　嫌い　（○をつける）
　〔理由　　　　　　　　　　　　　　　　　　　　　　　　　　　　　　　〕

③スピーチをするとき，場の状況に応じた言葉遣いや聞き手の反応に応じた話し方の工夫が　　できる　・　　苦手である　（○をつける）

④どんなスピーチができるようになりたいですか。
　〔　　　　　　　　　　　　　　　　　　　　　　　　　　　　　　　　　〕

☆みんなで共有した「場の状況に応じた話し方の工夫」を踏まえて，自分が今回の学習で特に身に付けたい「場の状況に応じた話し方の工夫」を考えよう。（個人目標）

```
┌─────────────────────────────────────────┐
│                                         │
│                                         │
│                                         │
└─────────────────────────────────────────┘
```

上に書いた「場の状況に応じた話し方の工夫」（個人目標）を身に付けるために，今回の学習の進め方で工夫したいこと

```
┌ ─ ─ ─ ─ ─ ─ ─ ─ ─ ─ ─ ─ ─ ─ ─ ─ ─ ─ ─ ─ ┐
                                           
└ ─ ─ ─ ─ ─ ─ ─ ─ ─ ─ ─ ─ ─ ─ ─ ─ ─ ─ ─ ─ ┘
```

●第2時

　スピーチメモの作成の際には，あくまでもメモであり，原稿にならないように注意する。話す内容を項目ごとに記入させ，冒頭の言葉や自分が述べる内容を簡単に記入させる。強調する

言葉には色ペンを使うなど，メモをもとにスピーチができるよう生徒が個人で考え作成してい
く。練習をして，うまく話せなかったところには言葉を足したり，変更を記入させる。

「パブリックスピーキング」 状況に応じて話す力を養う　スピーチメモ
　スピーチのテーマ　「地域とのつながりの重要性について」
　個人目標　　　　　「聞き手によく伝わるよう表現を工夫し，わかりやすいスピーチを行う。」

構成	話す内容　　・　　冒頭の言葉	意識すべき点 ☆個人目標
初め	・自己紹介 ・テーマ　「地域とのつながりの重要性について」 「みなさんは地域清掃に参加したこと……？」	会釈 全体を見渡す 質問のあと間を空ける
中	●参加するきっかけ 〇参加するきっかけは…… ・友人に誘われた　・知らない人もいるから不安 ●参加して気付いたこと　　三つあります まず第一に　自分より年下の子や年上の子など幅広い年齢層の 　　　　　　　方々が参加していた 　　二　　ごみが多い→気がつかなかった 　　三　　自分の地域は自分たちでよりよくしていく！ 　　　　理由……	三つある ☆手で３を示す 　わかりやすく 三が一番伝えたいこと ☆一人一人の目を見ながら 　話す 　訴えかけるように ☆大きな声 　少しゆっくり

　また，支援が必要な生徒には，もう少し具体的なワークシートを用意する。

構成	話す内容　　・　　冒頭の言葉	意識すべき点 ☆個人目標
初め	・テーマ　　　　「これから～～について……」 ・テーマ設定の理由「このテーマにした理由……」	☆個人目標 具体的なセリフを記入しておき，それをもとにメモをつくらせる。

●第4時

　「パブリックスピーキング」の発表は4人グループで行い，発表者の1人1台端末で撮影をする。また，聞き手には評価シートを配付する。評価シートのアドバイス等ももとに，学習の最後に自身の「パブリックスピーキング」の振り返りを行う。

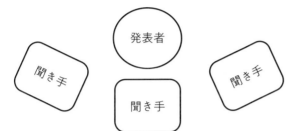

> 発表者は中央に位置し聞き手は発表者を囲むように机を並べる。発表者は聞き手を意識し，「パブリックスピーキング」を行う。

「パブリックスピーキング」状況に応じて話す力を養う　評価シート

発表者（　　　　　　　　　　　　）
テーマ「　　　　　　　　　　」　個人目標「　　　　　　　　　　　　　　」

記入者	個人目標	その他の「場の状況に応じた話し方の工夫」	気付いたことや目標達成に向けたアドバイス
	A・B・C	A・B・C	

聞き手には自分以外の人数分の評価シートを配付する。「パブリックスピーキング」が終わった後に評価シートを記入し，動画で具体的な場面を示しアドバイスをした後，発表者にシートを渡す。

「パブリックスピーキング」状況に応じて話す力を養う学習の振り返りをしよう

テーマ「　　　　　　　」　個人目標「　　　　　　　　　　　」

目標達成のためにどのようなことを努力しましたか。

他者の「パブリックスピーキング」を聞き，印象に残ったことはどんなことですか。

学んだことを今後の自分のスピーチ活動にどのように生かしていきたいですか。

（倉林くるみ）

魅力的な文章の書き手になろう
～批評文の学習を通して～

03

教 材　「多角的に分析して書こう　説得力のある批評文を書く」（光村）
関連教材：「観察・分析して論じよう　「ポスター」の批評文」（東書）
　　　　　「説得力のある批評文を書く」（教出）
　　　　　「批評文　観察・分析をとおして評価する」（三省）

1　単元について

　本単元は，これまで2年間学習した「書くこと」の学習の成果を総合的に生かし，「多様な読み手を説得できるように論理の展開などを考えて，文章の構成を工夫する」力を重点的に育成するため，批評文を書くという言語活動に取り組ませる単元である。

　批評文をはじめとした文章を書かせる際には，必ず「相手」と「目的」を設定して書くようにしていく。なぜなら，「相手」と「目的」に応じて内容や表現を工夫することが大切だからである。例えば，「相手」を設定することで，相手にとって有益な伝えるべき情報や不要な情報（既に知っていて伝える必要がない等）は何かなどを具体的に考えるようになり，また「目的」を設定することで，目的を達成するために必要な内容や構成を考えるようになる。

　また，本単元を指導する上で，「題材の決定，内容の検討」と「意見を支える根拠としてふさわしい資料の引用」については，多くの生徒につまずきが見られる部分であるため，必要に応じてシンキングツール等を活用し，指導の個性化を図りながら，指導に当たる。

　このようなことを意識しながら学習を進め，批評文の記述（記述のための一連の学習過程も含む）という目標を全生徒が達成した上で，批評文を書いたことにより，さらに何かに興味をもち，将来のキャリア形成につながることを意識しながら学習活動に取り組ませるようにする。

2　単元の目標・評価規準

⑴　文章の種類とその特徴について理解を深めることができる。

〔知識及び技能〕⑴ウ

⑵　多様な読み手を説得できるように論理の展開などを考えて，文章の構成を工夫することができる。　　　　　　　　　　　　　　　　　　〔思考力，判断力，表現力等〕B⑴イ

⑶　表現の仕方を考えたり資料を適切に引用したりするなど，自分の考えが分かりやすく伝わる文章になるように工夫することができる。　　　　　　〔思考力，判断力，表現力等〕B⑴ウ

⑷　言葉がもつ価値を認識するとともに，読書を通して自己を向上させ，我が国の言語文化に

ICT の活用場面

[ツール・アプリ等] ロイロノート・スクール（以下「ロイロノート」）　Microsoft Word
　　　　　　　　　学習者用デジタル教科書　検索ブラウザ

- ●第1時　　教科書を参照し，批評文について知る。（学習者用デジタル教科書）
　　　　　　批評文の対象テーマについて調べる。（検索ブラウザ）
- ●第2・3時　批評文構成シートを記入し，下書きを作成する。（ロイロノート，Word）
- ●第4時　　批評文を相互評価し，学習を振り返る。（ロイロノート）

関わり，思いや考えを伝え合おうとする。　　　　　　　　　「学びに向かう力，人間性等」

知識・技能	思考・判断・表現	主体的に学習に取り組む態度
①文章の種類とその特徴について理解を深めている。((1)ウ)	①「書くこと」において，多様な読み手を説得できるように論理の展開などを考えて，文章の構成を工夫している。(B(1)イ) ②「書くこと」において，表現の仕方を考えたり資料を適切に引用したりするなど，自分の考えが分かりやすく伝わる文章になるように工夫している。(B(1)ウ)	①粘り強く論理の展開などを考え，今までの学習を生かして批評文を書こうとしている。

3　単元の指導計画（全4時間）

時	主な学習活動 ★個別最適な学びの充実に関連する学習活動 ●協働的な学びの充実に関連する学習活動	・評価規準と評価方法
1	1）批評文とは何かを知る。 ・批評文はどのようなものか知る。 ・教科書の批評文例を参考に必要事項を押さえる。 2）批評文の対象を何にするか考える。 ★教師が提示する七つのテーマの中から，興味のあるものや将来の夢などに応じて，自由に一つ選択する。	

	〈教師が提示するテーマ〉 ①国際関係 ②日常生活関係 ③AI関係 ④地域関係 ⑤CM・TV・映画・小説関係 ⑥環境関係 ⑦その他自分で対象を設定 ★選んだテーマから批評する観点と問いを考えて提出する。 ●提出されたものをロイロノート上で共有し，他の生徒の内容を確認する。	
2	1）「批評文構成シート」を作成する。 ●★「相手と目的」の設定，「テーマ設定の理由」「観点と問い」を記述する。 2）批評文の書き方を学習する。 ●★批評文の書き方を学習し，「批評文構成シート」の残りの構成の部分を記述する。全て完成した後，2～3人のグループで「批評文構成シート」を共有しながら意見交換を行う。	[思考・判断・表現] ① ロイロノート ・読み手は様々な立場にあったり様々な考えをもっていたりすることを想定し，どのような読み手からも一定の理解が得られるよう論理の展開を工夫している。
3	1）評価等を踏まえ，修正・下書き（Word）を行う。 ●★「批評文構成シート」と下書きの最終完成版を共有し，相互に確認する。	[主体的に学習に取り組む態度] ① ワークシート（下書き） ・他の生徒や教師からの意見をもとに，様々な立場や考えの読み手を想定しながら論理の展開について試行錯誤しながら工夫し，批評文を書こうとしている。
4	1）下書き完成後，原稿用紙に記述する（手書き）。 ・完成した批評文の最終確認を行う。 2）完成した批評文の相互評価を行う。 ●完成した批評文を2～3人グループで読み合い，相互評価を行う。 ★単元の振り返りを行う。	[思考・判断・表現] ② 原稿用紙 ・客観性や信頼性の高い資料を選んで用い，自分の考えの根拠として適切に引用している。 [知識・技能] ① 振り返り ・これまでの「書くこと」の学習を振り返りながら，批評文を書くときに大切なポイントを，他の文章（レポート，記録文，案内文，手紙，意見文，短歌，俳句，物語等）を書くときのポイントと比べてまとめている。

4 個別最適な学びと協働的な学びの充実に向けた指導のポイント

(1) 個別最適な学びを充実させる視点から

　本単元では，「多様な読み手を説得できるように論理の展開などを考えて，文章の構成を工夫する」力を重点的に身に付けられるようにするため，批評文を書く言語活動に取り組んでいく。批評文を書く際には，いくつかのつまずきやすい部分があるため，その点を中心に「個別最適な学び」を充実できるように指導を工夫した。

　第1時では，批評文のテーマを教師が一つに限定して示すのではなく，七つに分類したテーマの中から一つ選択させることにした。七つのテーマは，教科書と同様の形式のものに加え，数ヶ月後にひかえた高校入試等における面接や集団討論などでよく問われるテーマや自身で好きなテーマを設定できる自由性の高いものなど多様に提示することにした。このことにより，生徒一人一人が，自身の興味・関心・キャリア形成の方向性等に応じて，具体的な題材を設定し，情報を収集したり内容を検討したりできるようにした。

　選んだテーマに関して批評する観点と問いを考える際に，うまく学習を進められず困っている生徒に対しては，高校入試等における面接や集団討論などで具体的に問われている内容（批評の対象となるもの）が書かれている資料を個別に渡し，その内容を参考にしながら考えるよう促した。それでも，困っている様子が見られる場合は，ロイロノートにおけるシンキングツール「ウェビング」を用いて，知っていることや興味のあるものを書き出させ，その後ツール切り替えを行い，「ダイアモンドランキング」を用いて，書き出したものの優先順位を決め，それを批評文のテーマに設定させた。また，観点と問いを挙げることが難しい場合には，観点と問いの参考例を批評する対象別（Ⅰ～Ⅲの3種類）に複数例用意したり，情報収集のポイントを伝えたりし，イメージがわきやすいようにした。これまでの指導経験等から，生徒がつまずくポイントを事前に想定し，一人一人の学習状況を丁寧に捉えながら，それらのポイントを踏まえた指導を重点的に行うことが大切だと感じている。

　第2時及び第3時は，前時の学習を踏まえ，批評文に必要な要素を考える「批評文構成シート」及び「下書き」を，それぞれロイロノートとWord上で作成させ，オンラインで提出させることにより，教師が一人一人の学習状況を個別に確認できるようにする。この確認の際に，支援が必要だと判断した生徒にはコメントを付し，次の時間にその生徒が重点的に取り組む学習課題を明確に伝えるようにした。批評文構成シートと下書きの2回個別に進捗を確認するため，生徒の学習状況に即した助言を適切に行うことができる。また，第2時で，自分の意見を支える根拠としてふさわしい資料を引用する際には，多くの生徒に課題が見られたため，学校司書や司書教諭等にも授業に参加してもらい，司書等の視点からも個別に必要な指導を行うようにした。

A　話すこと聞くこと

B　書くこと

C　読むこと

(2) 協働的な学びの充実に向けた視点から

　本単元では，全4時間において「協働的な学び」を行う場面を設定している。「書くこと」の単元においては，数多くの多様な他者と協働することで，多角的に物事を判断し，視野を広げることができる。このような学習の機会を螺旋的・反復的に設定することにより，「書くこと」に関する資質・能力を確実に育成したい。

　第1時では，「自分が選んだテーマ」と「そのテーマから批評する観点と問い」を考えさせる活動を行うが，その結果をロイロノート上で共有することで，いつでも他の生徒の考えを確認できるようにする。このように他の生徒とそれぞれの考えを共有することは，異なる考え方から互いに学び合い，よりよい批評の視点を生み出していく上で効果的である。なお，ここで共有を行う際は，氏名を隠した状態で行うことにより，個人に対する印象等のバイアスを避け，考えの内容や質的な面に生徒の意識が集中するように配慮した。

　第2時及び第3時では，批評文構成シートとそれを踏まえ記述した下書きの二つをそれぞれ共有しながら意見の交換をしていく。共有の範囲は様々に設定することが考えられるが，今回は，批評文構成シートは学級で，下書きに関しては第4時で相互評価を行うグループのみで共同編集ができる共有ノートをつくり，その中で共有を行った。その際，共有ノートの中には，当該生徒を担当している英語科や社会科などの教師もメンバーに追加し，その教科の内容に近いテーマに関する批評文を読んでもらい，専門的な立場からの助言をしてもらうことにした。同じ学年の生徒だけでなく，様々な経験と専門的な知識を有する他教科の教師という多様な他者とも協働しながら，多面的に物事を捉えることができるようにしたい。

　第4時では，完成した批評文を読み合い，相互評価を行う学習活動を2〜3人で行う。その際に，読み手の生徒は書き手の生徒に対して，「リフレクション」を行うことで協働的な学びを図っていく。ここで行う「リフレクション」とは，トキワ松学園中学校高等学校の田村直宏校長が考案した「今，学んだ事柄（今回の場合は，互いに読み合った批評文を指す）をその場で，すぐどのような内容であったか復習し，自分事として振り返る」ものである。今回，振り返る必須項目として，相手と目的・批評する観点と問い・書き手の意見と根拠・具体例や引用している資料・読んでみての学びや発見の五つを設定し，ロイロノートのカードにまとめさせ，相手に伝えるようにした。

　以上のような様々な相手との「協働的な学び」を行っていくことにより，本単元で重点的に育成することを目指す「多様な読み手を説得できるように論理の展開などを考えて，文章の構成を工夫する」力を効果的に身に付けさせることができると考えた。

5　授業の実際

●第１時

①批評文とは何かを知る

　a）ワークシートで「批評文とはどのようなものか」「批評文に必要なこと」を押さえる。

②批評文の対象を何にするか考える

　a）教師が提示した七つのテーマから一つを選択する。

　b）選んだテーマから批評する対象・観点・問いを挙げる。

　　　→難しいと感じる生徒には，以下のような対応を行う。

　①「ウェビング」で書き出させ，ツール切り替えで「ダイア
　　モンドランキング」にし，優先順位をつけさせる。

　②対象を調べる検索のコツを伝える。

　③批評する観点と問いを定める際の例を示す。

　④「クラゲチャート」に候補を挙げさせ，絞る。

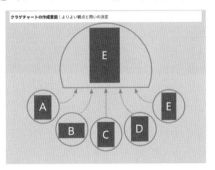

←生徒作品（上記④）
対象候補を○の中に入
れ，絞って対象を決定
している。○にはポス
ター・標語・文章など
が入る。（A〜Eには，
実際にはポスターの実
物画像を入れた）

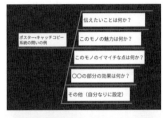

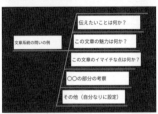

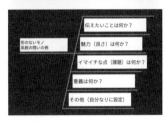

問いの例

●第２時

①「批評文構成シート」を作成する

　a）ロイロノート上で作成した「批評文構成シート」の「書く準備」の部分を記入する。

②批評文の書き方を学習する

　a）批評文を書く際には，「論じる背景や一般論」「主張」「根拠」「具体例」「引用」「まと
　め」等が必要なことを理解する（「**はい！主根**がぐいぐい伸びたら**まとめる！**」と理科の
　学習内容に合わせた語呂合わせで指導した）。

　b）提出されたものは，教師が確認し，必要に応じて，コメント等をつけて返却する。

●第３時

①評価等を踏まえ，修正・下書きを行う

　a）前時の「批評文構成シート」の形成的評価を踏まえ，下書きを作成する。

b）完成したものに関しては，教師が再度確認し，場面に応じて，コメント等をつけて返却する。

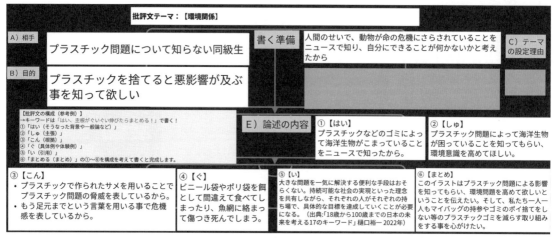

批評文テーマ：【環境関係】

A）相手
プラスチック問題について知らない同級生

B）目的
プラスチックを捨てると悪影響が及ぶ事を知って欲しい

書く準備
人間のせいで、動物が命の危機にさらされていることをニュースで知り、自分にできることが何かないかと考えたから

C）テーマの設定理由

【批評文の構成（参考例）】
→キーワードは「はい、主張がぐいぐい伸びたらまとめる！」で書く！
①「はい」（そうなった背景や一般論など）」
②「しゅ（主張）」
③「こん（根拠）」
④「ぐ（具体例や体験例）」
⑤「い（引用）」
⑥「まとめる（まとめ）」の①～⑥を構成を考えて書くと完成します。

E）論述の内容

①【はい】
プラスチックなどのゴミによって海洋生物がこまっていることをニュースで知ったから。

②【しゅ】
プラスチック問題によって海洋生物が困っていることを知ってもらい、環境意識を高めてほしい。

③【こん】
・プラスチックで作られたサメを用いることでプラスチック問題の脅威を表しているから。
・もう足元までという言葉を用いる事で危機感を表しているから。

④【ぐ】
ビニール袋やポリ袋を餌として間違えて食べてしまったり、魚網に絡まって傷つき死んでしまう。

⑤【い】
大きな問題を一気に解決する便利な手段はおそらくない。持続可能な社会の実現といった理念を共有しながら、それぞれの人がそれぞれの持ち場で、具体的な目標を達成していくことが必要になる。（出典：「18歳から100歳までの日本の未来を考える17のキーワード」樋口裕一 2022年）

⑥【まとめ】
このイラストはプラスチック問題による影響を知ってもらい、環境問題を高めて欲しいということを伝えたい。そして、私たち一人一人もマイバッグの持参やゴミのポイ捨てをしない等のプラスチックゴミを減らす取り組みをする事を心がけたい。

↑生徒作品（構成シート）
各記述項目に考察を行う。論述順序（上記①～⑥）も容易にロイロノート上で修正できる。

●第4時

①下書き完成後，原稿用紙に記述する

　a）前時の「下書き」の形成的評価を踏まえ，清書を作成する。

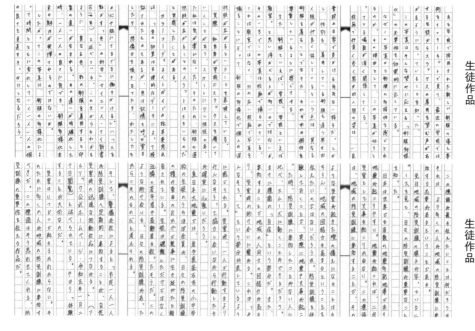

制服導入に関する生徒作品

防災訓練の標語に関する生徒作品

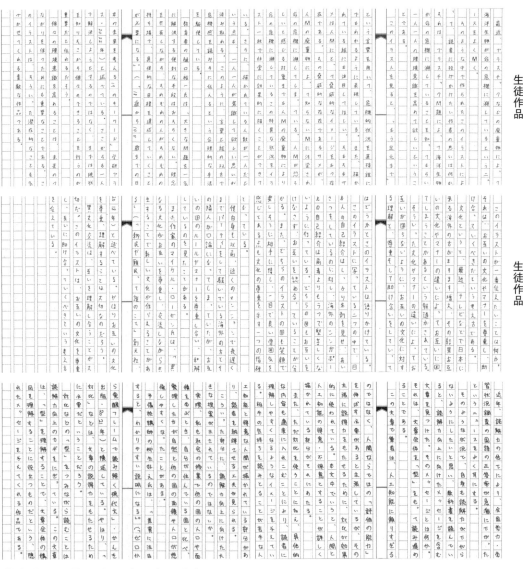

環境問題のイラストに関する生徒作品

異文化のイラストに関する生徒作品

文章構成に関する生徒作品

A 話すこと・聞くこと

B 書くこと

C 読むこと

②完成した批評文の読み合いを行う

　a）互いに読み合い，相互評価を行う。

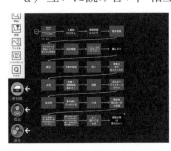

←生徒作品
相手の発表について，
必要事項をカードに
まとめ，簡単に発表
し，振り返る。

　b）単元学習後に振り返りを行う（振り返りシート）。

（青山　雄司）

文章の種類を選んで書こう
～10年後以降の自分たちに伝える～

04

教材　「文章の種類を選んで書こう　修学旅行記を編集する」（光村）
関連教材：「編集して伝えよう　「環境」の新聞」（東書）
　　　　　「情報をまとめて作品集を作る」（教出）
　　　　　「ポスター　情報の信頼性を確かめて考えを発信する」（三省）

1　単元について

　「書くこと」の学習は，1年生で記録文，説明文，創作，案内文，意見文，随筆を，2年生で創作，意見文，手紙・電子メール，鑑賞文，報告文を扱った。3年生では編集，報道文，創作，批評文，引用，小論文に取り組む。本単元では，「修学旅行記」を書く言語活動を通して，適切な文章の種類を選択し，読み手を説得できるように論理の展開などを考えて，文章を構成する力を身に付けさせる。ところで，「修学旅行」を題材とする「書く授業」では同級生や小学生を読み手として想定する実践が多かった。ここでは読み手を今の友達や家族だけでなく時間的に隔たった10年後以降の自分や友達・家族等，未来に生きる人たちにまで広げた。その上で今の自分のものの見方や考え方が明確に伝わるように文章の種類を選択し，文章の構成を工夫して書く。このことにより一人一人の生徒が自らの興味・関心等に応じて適切に学習課題を設定し，学習を進められるようにしたい。また，文章の種類を選択する際には生徒作品例とフォーマットを活用し，個々の生徒の特性や学習進度等に応じて学習を進められるよう指導の工夫を図った。

2　単元の目標・評価規準

⑴　文章の種類とその特徴について理解を深めることができる。　　　　　〔知識及び技能〕⑴ウ

⑵　文章の種類を選択し，多様な読み手を説得できるように論理の展開などを考えて，文章の構成を工夫することができる。　　　　　　　　　　　〔思考力，判断力，表現力等〕B⑴イ

⑶　言葉がもつ価値を認識するとともに，読書を通して自己を向上させ，我が国の言語文化に関わり，思いや考えを伝え合おうとする。　　　　　　　　　　「学びに向かう力，人間性等」

ICT の活用場面

[ツール・アプリ等] Google ドキュメント　Google Jamboard

● 第1・2時　文章の種類例やそれらのフォーマットを確認し，下書きを書く。（Google ドキュメント）
● 第3時　推敲し，文章の構成を工夫するためのポイントをワークシートに記入する。（Google ドキュメント）
● 第4時　修正箇所の記入，理由・提案のコメント記入をし，個人で推敲をした後，共有する。（Google ドキュメント，Google Jamboard）

知識・技能	思考・判断・表現	主体的に学習に取り組む態度
① 文章の種類とその特徴について理解を深めている。（(1)ウ）	① 「書くこと」において，文章の種類を選択し，読み手を説得できるように論理の展開などを考えて，文章の構成を工夫している。（B(1)イ）	① 粘り強く論理の展開などを考えて，文章の構成を工夫し，学習課題に沿って修学旅行記を書こうとしている。

3　単元の指導計画（全4時間）

時	主な学習活動 ★個別最適な学びの充実に関連する学習活動 ●協働的な学びの充実に関連する学習活動	・評価規準と評価方法
1	・修学旅行記を書く目的と課題を確認する。 ★読み手，材料（エピソード），文章の種類，文章の構成メモについてワークシート1に記入する。 （教師は文章の種類例として モデル文1〜4 を示す。必要に応じて次時で使うフォーマットも用意。） ・ワークシートを提出する。	[思考・判断・表現] ① <u>ワークシート1（紙ベース）</u> ・修学旅行記を書く目的や意図に応じて，伝えたいことを表現するのに適した文章の種類を選択している。
2	★文章の種類を選択し，文章の構成を考える。 ★下書きフォーマットを選び，下書きを書く。（フォーマットは参考程度の利用でもよい。） ・下書きを保存し，データで提出する。 （次時までに教師が下書きを確認し，必要に応じてコメント機能で助言する。）	[知識・技能] ① <u>下書き</u> ・随筆，鑑賞文，評論文，批評文，物語，紀行文などの文章の種類とその特徴について理解している。

3	★読み手を説得できるように文章の構成を工夫するためのポイントを考える。 モデル文4 をもとに実際に個人で推敲し，ポイントをワークシート２にまとめる。推敲の観点は次の通りである。	

<table>
<tr><td>① 読み手に分かりやすく伝わるように自分のものの見方や考え方が明確に示されているか（波線部）。
② 自分のものの見方や考え方について読み手から一定の理解を得られるように，論理の展開などが工夫されているか。</td></tr>
</table>

	●グループ→クラスの順で口頭により意見交換し，文章の構成を工夫するためのポイントを共有する。	
4	★前時のポイントをもとに下書きの推敲したい箇所に下線を引き，理由や提案をコメントに書く。 ●共同編集機能を用いて，互いの下書きについて推敲した方がよいと考える箇所に下線を引き，コメント（理由や提案）を書く。時間があればよい点も書く。 ●画面共有しながら，グループ内で口頭で意見交換する。 ★個人で下線を中心に赤字で推敲・プリントして提出する。その後，清書もプリントし，提出する。 （教師は清書を数例選び，クラスで共有する。）	［思考・判断・表現］① <u>清書（Google ドキュメント）</u> ・読み手から一定の理解を得られるように論理の展開などが明確になるように文章の構成を工夫している。 ［主体的に学習に取り組む態度］① <u>推敲原稿・清書</u> ・自分の文章を読み直したり，他の生徒からの意見を参考にしたりしながら文章を修正し，読み手から一定の理解を得られるような修学旅行記を書こうとしている。

4　個別最適な学びと協働的な学びの充実に向けた指導のポイント

(1) 個別最適な学びを充実させる視点から

　本単元では，読み手を10年後以降の未来の自分たちに想定して「修学旅行記」を書く言語活動に取り組む。その際，伝えたいことをより分かりやすく魅力的に伝えられるように，これまで学んだ文章の種類の中から適切なものを選び，構成を工夫して書く。「個別最適な学び」を充実させる工夫として各時間に生徒一人一人が自らの興味・関心等に応じ，学習が最適となるよう次のように調整する機会を設けることとした。

①第１時では修学旅行記を書くに当たりエピソードの紹介だけでなく「現在の自分のものの見方や考え方が，10年後以降の未来の自分に客観的に伝わること」を全体の課題とする。題材を決めたら文章の種類を選び，想定した読み手を説得できるように論理の展開などを考えて文章の構成を工夫する。この部分の読み手は，10年後（青年期），20年後・30年後（壮年期），40年後（中年期），50年後（熟年期）……など複数の未来の自分たちである。未来の自分たちを具体的に想定して今の自分のものの見方や考え方を伝えるために相手意識・目的意識を明確にし，課題に沿って文章の種類を選択し，文章の構成を工夫していく。これにより個々の生徒の興味・関心等に応じ，自ら適切に学習課題を設定し，学習を調整しながら取り組めるようにした。

②第１時から１人１台端末を活用して，いくつかの文章の種類で書かれた複数のモデル文とフォーマットを共有フォルダで確認する。これらを参考にし，自分の書きたい題材やこれまでの学習状況に合わせて，自分で文章の種類を選択して書くことができるようにする。このことにより，個々の生徒が自らの特性や学習進度等に応じて学習材を選択し，単元の目標を達成できるようにした。

③第２時では，下書きを書き進めていく中で，前時で自分が選んだ材料と文章の種類の組み合わせが適切でないことに気付く場合も想定される。このような場合，文章の種類とその特徴についての理解が十分でないことが原因であると考えられることから，教師は端末上で生徒の学習状況を確認し，必要に応じて重点的に指導する。例えば「仏像のよさを分析的に伝えたいのであれば，その日の出来事を時系列で描く物語よりも，分析の観点を明確にした鑑賞文の方が分かりやすく伝えられるのでは？」などとコメントを入力する。時間のない場合は教師が赤色の下線だけでも引いておき，授業後に助言する。生徒の成長やつまずき，個々の興味・関心・意欲等を踏まえてきめ細かく支援することで，文章の種類とその特徴について理解を深められるようにする。なお，特別な支援を要する生徒には，キーワードを書き入れるだけで文章の構成づくりに容易に取り組めるように紀行文の構成メモ表を用いるなど，さらに重点的な指導を行うことが考えられる。

④第4時の推敲の場面では，生徒によっては，他の生徒から寄せられた下線部のコメントを読んで論理の展開などを見直し，修正することが難しい場合も予想される。読み手を説得できるように論理の展開などを考えて，文章の構成を工夫するには，見聞きして集めた材料とそれに基づく自分のものの見方や考え方が整理して示されることが必要である。両者の区別が明確でなかったり，それらを書いた段落や部分の順序が適切でなかったりすると，論理の展開などが読み手に伝わりにくくなってしまう場合が多い。そこで，教師は必要に応じて生徒が推敲しているタイミングで画面共有し，助言する。例えば「あなたの最も伝えたいことは実行委員としての大変さや失敗する要因などですか。それとも，みんなで行事を楽しむことの大切さですか。」というように，改めて思考を促すコメントを入力する。このように個々の生徒に応じた教師の助言により，生徒一人一人が「多様な読み手を説得できるように論理の展開などを考えて，文章の構成を工夫する」力を身に付けられるようにする。

(2) 協働的な学びの充実に向けた視点から

　本単元では，「一人一人が自分の学習のペースを大切にしながら，論理の展開などを考えて文章の構成を工夫したり，推敲したりする」という協働的な学びを，第3時以降に設定した。なお，ここでは材料及び文章の種類を選択し，文章の構成を工夫する学習に焦点化して取り組むために，グループごとに一冊の修学旅行記を編集する作業は行わず，このことは，総合的な学習の時間等で扱うこととした。

①第3時は，教師が用意したモデル文をもとに個人で推敲して文章の構成を工夫するためのポイントを考える。その後，グループ，クラスで画面共有し，他の生徒と協働して考えを共有し，教師が補足・まとめを行う活動である。1人1台端末上で，Google Jamboard を活用して意見を共有し，互いの考えを深める。最後に教師が考えたポイント例も示すことで生徒同士，生徒と教師で交流し，個人の考えを深められるようにする。
②第4時は，想定した読み手になったつもりで他者の文章を読み，分かりにくい箇所を確認して下線を引き合うことで，異なる考えを組み合わせて，よりよい論理の展開を考えるようにする。前時のポイントを踏まえて下線を引いた理由や修正案などのメモを各自で記入する。
③上記②の活動後はグループ内で画面共有をし，互いの文章を見ながら口頭による意見交換をする。Google Jamboard のメモを用いて，下線部についての理由・補足を述べたり，相互に質問したりして，文章の構成について工夫した点を評価したり，さらなる工夫について考えたりし，考えを深められるようにする。

5　授業の実際

●第1時

モデル文と下書きフォーマットを参考に下記のワークシート1を完成させる。

ワークシート1　修学旅行記を編集しよう　　3年（　）組（　）番　氏名（　　　　　　　　）【生徒の記入例】

◇ねらい　修学旅行で見聞したことを10年後以降の自分たちに伝えられるように修学旅行記を書こう。そのために適切に材料と文章の種類を選び，文章の構成を工夫して説得力のある文章を書こう。（班ごとの編集は，総合的な学習の時間に行います。）

◇第1時の課題　材料を選び，読み手，文章の種類，文章の構成メモを考える。

1　どんな読み手か？……（　　10　　）年後の自分たち　※例　10年後以降，20年，30年……

　　どんな未来の自分に読んでもらいたいか？……（　　20代で将来の夢をかなえたいと考えている　　）自分

2　材料（エピソード）は何か……（　　バスガイドさんのトーク力，三つの構成，自分のこれからの生活にも役立つ　　）

3　文章の種類は何か？　■にチェックする。※複数も可→次時に決定予定

　　□①随筆　　□②鑑賞文　　□③物語　　■④評論文　　□⑤その他（報道文・批評文・紀行文等）

4　文章の構成は？　次の構成メモを完成させよう。（文章の種類によっては必ずしも表の通りでなくてもよい。）

■随筆・鑑賞文・評論文・批評文など　※自分のものの見方や考え方を示す部分に波線を付けよう。

はじめ（序論） 自分の考え・感じたこと・思い 意見・主張・提案	・修学旅行で一番の関心は，二日間お世話になったバスガイドさん。 ・立ちっぱなし，トーク力がある。特にトーク力について自分の考えを書く。 ・まるで授業で教師の話を聞いているようだ。
なか（本論） エピソード，具体例，賛成意見・反対意見，メリット・デメリット	・エピソード1　立ちっぱなし。 ・エピソード2　トーク力。題材は必ず三項目。①歴史的観点。主となる話題。②観光的観点。話の内容が切り替わり，まとまりのある構成。③雑学要素。これがなければ飽きてしまう。 ・この三つを軸にしながら小さな話題，長時間話せる技術もある。
おわり（結論） 自分の考え・感じたこと・思い 意見・主張・提案	・この三つのトーク力の観点は，活用できる。 ・今回の修学旅行，バスガイドさんからトーク力が学べただけで十分だった。

※「なか」のエピソード等は，複数ある場合，順序を考えて記入しよう。

□物語

冒頭	主人公（　）　人称（　）　敵（　）　背景・時代（　　　）
発端	
展開	
山場	
結末	

□紀行文（以下の項目は順不同）

旅の目的・意義・計画・思い	
旅先での出会い（時・場所・人・物・事）	
別れ・物語	
気づき・思い・考え・考察	
旅の振り返り，次の旅への思い・計画	

モデル文1　「気に入らぬ風（かぜ）？」　　　　　※今の自分の物の見方・考え方が伝わるように工夫して書いた箇所＝波線部

◇文章の種類　（　随筆　）　　◇読んでもらう相手＝（　10　）年後の私たち

◇その時，読んでもらいたい相手はどんな自分？＝（　　仕事や友達で悩んだりしている時の　　）自分

　僕は3日目のバスによるクラス行動のお寺で，思わぬ出会いがありました。

　早朝，僕たちは全員，智積院のお勤めに参加し，ご先祖の供養をしてもらいました。そこでのお坊さんの講話に，「気に入らぬ風もあろうに柳かな」（江戸時代の禅僧の作）という川柳が引用されました。僕は，「気に入らぬ風」という言葉が気に入りました。「柳の枝は，どんなに荒れた風でも文句を言わず吹くに任せて揺れている。だからこそ折れないのだなあ」という解釈です。柳が昔から堤防の周りに植えられているのは，根がしっかりしていて水害を防いでくれるからだそうです。柳のように根がしっかりしている人は，逆風に耐えながらも柔軟な姿勢を失いませんというお話もありました。ところで，この根というのは生きる上で一体どんなことを指すのでしょうか？　人それぞれで答えは違うと思います。私はこれからの長い人生，根をしっかり張ってつらい時こそ本当は何が大切なのかということを考えてぶれない道を歩みたいと祈願しました。

　僕が出会ったこの川柳は，しばらくは僕の座右の銘となりそうです。

モデル文2　「心に残ったお城やお寺」　　　　　※今の自分の物の見方・考え方が伝わるように工夫して書いた箇所＝波線部

◇文章の種類　（　鑑賞文　）　　◇読んでもらう相手＝（　20　）年後の私たち

◇その時，読んでもらいたい相手はどんな自分？＝（　　家族ともう一度京都を訪れたいと思う　　）自分

　修学旅行で心に残ったお城やお寺を二つ書きます。「百聞は一見に如かず」ということわざ通りでした。

　一つ目は二条城です。二条城の周りは水で囲まれており，これにより侵入を困難にさせたと分かりました。お城の中には畳や屏風の部屋がほとんどです。廊下はうぐいす張りになっており，歩くとキシキシと音を立てて敵がいることが分かるようになっていました。湿度・温度により音が異なるので，その時は思ったよりも音が小さくて微妙な感じでした。耳をそばだてないと分かりません。

　二つ目は平等院鳳凰堂です。建物は様々な工夫がみられます。両端に広がる建物全体は大雨で浸水しないように，高床式です。真ん中の屋根の両端にはレプリカの鳳凰が飾られています。建物は両端は広がっているので，近づいても全景が見られることから思ったよりもこじんまりとまとまっていると思いました。水は反射して映るように濁っています。水に映る逆様の鳳凰堂は美しいです。このように庭園と一体となって美しさを表現している寺院は，他と比べてみて鳳凰堂だけだと気づきました。11月頃に紅葉すると周りの樹木も鳳凰堂の景色の一部となりもっと美しくなると思います。

　二条城と平等院が心に残った二つのお城やお寺です。何事も実物を見ないとわかりません。このことに改めて気づかされました。

◇文章の種類（　物語　）　　◇読んでもらう相手＝（　10　）年後の私たち
◇その時，読んでもらいたい相手はどんな自分？＝（　中学生の時の感覚をまだ思い出せる若い　）自分
　　私は今，京都・奈良を旅している。
　　修学旅行生の一人として。二条城の細かい圧巻の装飾をじっくり見つめている。何百年前にはここに，教科書にも載っている人々がいたはずだ。一瞬の高揚により深く浸っている自分に気づく。伏見稲荷大社の千本鳥居の隙間からこぼれる無限の光の筋。数百年の時間差を感じさせない同じ光が今私を照らす。もっとゆっくり歩みを進めたい。なぜなら修学旅行は感動の一瞬でしかない。なぜか記憶の中でもカメラで撮ったような断片的な景色しか思い浮かばない。私の中で今までに感動したものは映像のように鮮明に思い出せるのだ。では，修学旅行はつまらなかったのか，と言われると確かに感動の手ごたえがあるので，それもまた否。つまらないという言葉では片づけられない。新型コロナウィルスや時間制限，集団行動による制限で，他のことに気が行ってしまって感動が薄れてしまったともいえる。私は何も制限されず，自由に観光したい。着の身着のまま自由に観光し，鮮やかな思い出を持ち帰りたい。特に二条城と伏見稲荷大社の前でそう考える。三日間，京都・奈良を観光して，その土地にあるものに歴史や美しさを感じ，感動した。いつかどこかで自分自身で思い出を刻み，一瞬の感動さえもおろそかにしない。そんな思い出をつくればよいのだ。
　　未来の一人旅に向けて，もう私の中で何かが始まっている。

◇文章の種類（　評論文　）　◇評価の対象＝（　ガイドさんのトーク力　）◇読んでもらう相手＝（　10　）年後の私たち
◇その時，読んでもらいたい相手はどんな自分？＝（　20代で将来の夢をかなえたいと考えている　）自分
　　私がこの修学旅行で一番関心をもったのは，バスガイドさんだ。
　　一点目は，生徒と同じ距離を毎日歩き続ける，という点だ。よく考えてほしい。私たちでさえも，二日も歩き続けたら早く座りたいという気持ちになるだろう。しかしこのバスガイドの女性は，バスに戻るやいなや，バスの中でも立ちっぱなしで，さらに次に行く場所へのガイドまでしていた。それが，バスガイドという仕事，そういってしまえばそれで終わりだが，一日中立ちっぱなしというのは，そう楽なものではない。二点目はトーク力。私はバスガイドさんの話を聞いている時，まるで一つの授業を誰か教師がしているように感じた。そのように聞いている人を感じさせるには，もちろん知識も必要だが，その豊富な知識を語るうえで，欠かせないのがトーク力。私がバスガイドさんを二日間見て，話している内容は，一つの題材で必ず三項目あると考えた。一点目は歴史的観点。これが，主となる話の話題だろう。二点目は観光的観点。これがあることで，話の内容が切り替わり，まとまりのある構成となる。三点目は，ちょっとした雑学的要素を取り入れるという点。これがなければ聞いているこちらも飽きてしまう。この三つを軸としながらも，その間に入る小さな話題の別の話，長時間話し続けるという技術，これらによって一時間の道のりも，短く感じさせる。まるで周りの風景だけが早送りされているかのようだ。私が今回気付けたこの観点はバスガイドという職業ではなくても活用できることだろう。今回の修学旅行，バスガイドさんからトーク力が学べただけで十分だった。

●第2時

　文章の種類の選択では，文章の種類とその特徴について理解し，選んだ材料，想定した読み手を踏まえて適切に選ぶ必要がある。本時では，次のような下書きフォーマットを文章の種類に応じて4～5種類用意し，そこへ直接入力できるようにする。教師は授業中を含めて後に1人1台端末の記述から生徒の学習状況を確認する。生徒が文章の種類を適切に選択して下書きを書いている場合，［知識・技能］①（(1)ウ）は，「Bと判断する状況である」と評価する。「Cと判断する状況」に該当する場合，次時までに教師の助言をもとに見直すよう支援する。

随筆のフォーマット　随筆＝感じたこと，考えたことをわかりやすく伝える文章（1年教科書220ページ）
◇第2時の課題　下書きを書こう　　※今の自分の物の見方・考え方が伝わるように工夫して書いた箇所＝波線

鑑賞文のフォーマット　鑑賞文＝分析をもとに感じたこと，考えたことをわかりやすく伝える文章（2年教科書184ページ）
◇第2時の課題　下書きを書こう　　※今の自分の物の見方・考え方が伝わるように工夫して書いた箇所＝波線

物語のフォーマット　物語＝冒頭・発端・展開1～・山場（クライマックス）・結末・まとめ（教科書232ページ）
◇第2時の課題　下書きを書こう　　※今の自分の物の見方・考え方が伝わるように工夫して書いた箇所＝波線

評論文のフォーマット　評論文＝物事の価値などを評価し，自分の見方を論じる文章（教科書234ページ）
◇第2時の課題　下書きを書こう　　※今の自分の物の見方・考え方が伝わるように工夫して書いた箇所＝波線
「　タ　イ　ト　ル　」　　　　　　　　　　　　（　　）年（　　）組（　　）番
◇文章の種類（　評論文　）　◇評価の対象＝（　　　　　　　　）　◇読んでもらう相手＝（　　　）年後の私たち
◇その時，読んでもらいたい相手はどんな自分？＝（　　　　　　　　　　　　　　　　　）自分
（序論・はじめ）
（本論・なか1）
（本論・なか2）
（本論・なか…）
（結論・おわり）
【注意】このフォーマットは，変更しても構いません。また，フォーマットを利用しないで，すぐに書き始めても構いません。

推敲例で使用したモデル文4の伝えたいことの中心はバスガイドさんのトーク力である。そこで多くの生徒は，下線部Aを「トーク力」に修正し，また，下線部Bのエピソードをトーク力のエピソード後（C）に移動し，さらに冒頭に「他にも」という言葉を添えることで全体として論理の展開を分かりやすくするという工夫を考えた。

生徒作品4　「A バスガイドさん トーク力」	※今の自分の物の見方・考え方が伝わるように工夫して書いた箇所＝波線部

◇文章の種類（評論文）　◇評価の対象＝（ガイドさんのトーク力　）◇読んでもらう相手＝（10）年後の私たち
◇その時，読んでもらいたい相手はどんな自分？＝（20代で将来の夢をかなえたいと考えている）自分
　私がこの修学旅行で一番関心をもったのは，バスガイドさんのトーク力だ。
　一点目は，B生徒と同じ距離を毎日歩き続ける，という点だ。よく考えてほしい。私たちでさえも，二日も歩き続けたら早く座りたいという気持になるだろう。しかしこのバスガイドの女性は，バスに戻るやいなや，バスの中でも立ちっぱなしで，さらに次行く場所へのガイドまでしていた。それが，バスガイドという仕事，一日中立ちっぱなしというのは，そう楽なものではない。三点目はトーク力。私はバスガイドさんの話を聞いている時，まるで一つの授業を誰か教師がしているように感じた。そのように聞いている人を感じさせるには，もちろん知識も必要だが，その豊富な知識を語るうえで，欠かせないのがトーク力。私がバスガイドさんを二日間見て，話している内容は，一つの題材で必ず三項目あると考えた。（改行）一点目は歴史的観点。これが，主となる話の話題だろう。二点目は観光的観点。これがあることで，話の内容が切り替わり，まとまりのある構成となる。三点目は，ちょっとした雑学的要素を取り入れるという点。これがなければ聞いているこちらも飽きてしまう。この三つを軸としながらも，その間に入る小さな話題の別の話，長時間話続けるという技術，これらによって一時間の道のりも，短く感じさせる。まるで周りの風景だけが早送りされているかのようだ。C他にも（ここに2～5行目の「生徒と同じ距離を～楽なものではない。」を挿入）（改行）私が今回気付けたこの観点はバスガイドという職業ではなくても活用できることだろう。今回の修学旅行はバスガイドさんからトーク力が学べただけで十分だった。

ワークシート2	◇第3時の課題　文章の構成を工夫するためのポイントをメモしよう	【生徒の記入例】
	タイトルもキーワード／ナンバリングする／ラベリングする／見たこと聞いたことを具体的に伝える（音・光・色・におい・手触り・数字・データ・固有名詞・時間等）／他	
①自分のものの見方・考え方は明確か（波線部）	一文は長くて二行まで／ものの見方や考え方が書かれている箇所は，段落のはじめとおわりにあるとよい／問いかけや繰り返しなどで読み手に語りかける／引用する／他	
②論理の展開などが工夫されているか	エピソードで最も伝えたいことが最初／複数の材料の中で最も伝えたいことを最初に書く／材料の順序の効果を考える／複数あるエピソードの互いの関係を示す言葉を入れる（「他にも」「反対に」「また」等）／他	

●第4時

　次の生徒作品では，自分のものの見方や考え方として何事にも興味をもつことと行事は協力して楽しむことが大切だ（波線部）と述べており，朝のお勤めとクラスレクのエピソードを紹介している。グループの推敲では朝のお勤めの記述（下線部A・B）が具体的でなく説得力に乏しいこと，また，実行委員の大変さ（下線部C・D）も述べていてエピソードと自分の考えの関連が明確でないとのコメントがあった。そこで，この生徒は下記の網掛け部分のように論理の展開を考えて修正した。

生徒作品　「最高の思い出」	※今の自分の物の見方・考え方が伝わるように工夫して書いた箇所＝波線部

◇文章の種類（　随筆　）　◇読んでもらう相手＝（　30　）年後の私たち
◇その時，読んでもらいたい相手はどんな自分？＝（　中学生時代の自分の成長を温かい気持ちで振り返れる　）自分
　私が修学旅行で学んだことは何事にも興味をもち，協力し合い楽しむことが大切だということだ。
　私は京都・奈良を今まで本やネットで見ていたものを人生で初めて生で見て多くのものに感動した。興味がないものもあったけれど興味ないからいいやじゃなくしっかり見ると本では感じられないものが感じられた。朝のお勤めもただ座って睡魔と戦って，話を聞くだけだと思っていたが，実際に始まるとA迫力で驚きの連続だった。特にB不動明王の方は迫力がすごかった。また，宿でも友達とたくさん話して笑っている時間が最高に楽しかった。レクの時もみんなで笑い合って心が一つになったように感じられた。C実行委員長としてレクを考える時間は全然決められなくてすごく大変だったけれどレク中にみんなが笑って楽しんでいるところを見て頑張って良かったなと改めて感じた。そして，Dみんなをまとめられたかというとそうとは言えないが，実行委員だけじゃなくクラスみんなで協力してこの修学旅行を充実させることができて本当に良かったと思う。
　この三日間，何事にも興味をもち，協力し合い，心から楽しんでみんなと笑い合って，最高の思い出ができたと思う。

　朝のお勤めもただ座って睡魔と戦って，話を聞くだけだと思っていたが，実際に始まると30人もの僧侶が次々に登場し，一斉に読経を始めたその迫力に驚かされた。特にその後の不動明王の護摩供養ではたき火がぱちぱちと音を立てて暗い高天井まで勢いよく舞い上がり，護摩の煙の臭いが充満してこれぞ京都のお寺と思った。また，宿でも友達とたくさん話して笑っている時間が最高に楽しかった。レクの時もみんなで笑い合って心が一つになったように感じられた。レク中にみんなが笑って楽しんでいるところを見て実行委員長としても頑張って良かったなと改めて感じた。それは，実行委員だけじゃなくクラスみんなで協力してこの修学旅行が成功を収めることができたからだと思う。

（吉田　　稔）

A
話すこと
聞くこと

B
書くこと

C
読むこと

作品を批判的に読み， 人間と社会の関わりについて考えを深めよう 05

教材　「故郷」（光村・東書・教出・三省）

1　単元について

　本単元では，これまでの国語学習で身に付けてきた力を総括して，多様な視点で小説を分析，批評していく。そのため授業の最初に，人物の設定や言動の意味，情景描写，場面展開など，これまで学習してきた小説を読むための視点を復習する。「故郷」は一読すると，昔の輝きを失った故郷の人々の変化を見た「私」が心を痛めていく姿が読み取れる。しかし，ルントウやヤンおばさんに関する叙述を深く読み込んでいくと，変化していない部分や，生きるための彼らなりの強さや矜持が読み取れる。また，「纏足用の底の高い靴で」「香炉と燭台」などの表現には「私」が二人を旧時代的な人間として捉えているような心情も読み取れる。これらの細かい描写にも生徒が着目できるようにしていくために，今回は人物ごとの担当を決めて分析，批評していく。各自が読み取ったことを交流することで，自分自身の学びの段階を振り返ることができ，作品全体の読みも深まっていく。作品について他者と語り合う体験や叙述を根拠にした「読み」の広がりを感じさせる体験を通して，今後の人生の中で小説の面白さを味わい，意義を感じるような生徒を育てていきたい。

2　単元の目標・評価規準

⑴　自分の生き方や社会との関わり方を支える読書の意義と効用について理解することができる。　　　　　　　　　　　　　　　　　　　　　　　　　〔知識及び技能〕(3)オ

⑵　文章を批判的に読みながら，文章に表れているものの見方や考え方について考えることができる。　　　　　　　　　　　　　　　　　　〔思考力，判断力，表現力等〕C(1)イ

⑶　文章を読んで考えを広げたり深めたりして，人間，社会，自然などについて，自分の意見をもつことができる。　　　　　　　　　　　　　〔思考力，判断力，表現力等〕C(1)エ

⑷　言葉がもつ価値を認識するとともに，読書を通して自己を向上させ，我が国の言語文化に関わり，思いや考えを伝え合おうとする。　　　　　　　　「学びに向かう力，人間性等」

ICT の活用場面

[ツール・アプリ等] 検索ブラウザ　Google スライド　Google ドキュメント　Google Classroom

● 第2時　　事前課題として語句や作品の時代背景の調べ学習を行う。（検索ブラウザ）
　　　　　　自分が担当した登場人物について考察した内容をまとめる。（Google スライド）
● 第3・4時　考察した内容のスライドを閲覧共有し，交流する。（Google スライド）
● 第5時　　人間と社会との関わりについて考えたことを文章にまとめ，共有する。（Google ドキュメント，Google Classroom）

知識・技能	思考・判断・表現	主体的に学習に取り組む態度
①自分の生き方や社会との関わり方を支える読書の意義と効用について理解している。（(3)オ）	①「読むこと」において，文章を批判的に読みながら，文章に表れているものの見方や考え方について考えている。（C(1)イ） ②「読むこと」において，文章を読んで考えを広げたり深めたりして，人間，社会，自然などについて，自分の意見をもっている。（C(1)エ）	①粘り強く文章に表れているものの見方や考え方について考え，今までの学習を生かして自分の考えをまとめようとしている。

3　単元の指導計画（全5時間）

時	主な学習活動 ★個別最適な学びの充実に関連する学習活動 ●協働的な学びの充実に関連する学習活動	・評価規準と評価方法
1	・これまでに学習した小説を読むときの視点について復習する。作品を批判的に読み，人間の生き方と社会の関わりについて自分の考えをまとめるという学習のねらいと進め方を示し，学習の見通しをもつ。 ・「故郷」を通読し，感じたことや疑問点などを交流する。 ★語句の意味や作品の時代背景等，気になったことを次時までに各自で調べておく。	
2	・各自調べてきたことを全体で共有する。 ・場面展開と「私」が帰郷した理由，登場人物同士の関係を簡単に整理する。	

	★3～4人グループ（グループⅠ）になり，①「私」②ルントウ③ヤンおばさんの中から担当する人物を分担して決め，各自課題に取り組む。 ★人物像や人物の設定が分かる特徴的な叙述を抜き出し，そこから考えたことをGoogleスライドにまとめていく。（同じ人物を担当した者同士で互いのスライドを閲覧できるようにしておく。）	［主体的に学習に取り組む態度］① Googleスライド ・文章を読み返しながら，登場人物の行動や物語の展開の意味を考えたり，登場人物と自分との考えの違いを確認したりしようとしている。
3	★前時に取り組んだ課題をさらに深めるため，引き続き課題に取り組む。 ●同じ人物を担当した者同士で5人前後のグループ（グループⅡ）をつくり，互いのスライドを見ながら交流する。交流によって深められた内容をスライドに色を変えて追記する。分担を決めた最初のグループ（グループⅠ）に戻って人物についての考察を報告する際の内容について，グループ内で共有，確認をする。	［主体的に学習に取り組む態度］① Googleスライド ・自分が気付かなかった視点など，交流によって深められた内容をスライドに追記しながら，自分の考えを再構築しようとしている。
4	●最初のグループ（グループⅠ）に戻り，人物について考察したことをスライドを見せ合いながら報告する。報告する際は，考察の根拠を示す。 ●語り手である「私」の視点だけでは気付かなかった他の登場人物の言動の意味や生き方について考えを交流する。 ●「故郷」の情景描写について現在と回想の場面を比較し，情景描写がもつ意味を考え，交流する。	［思考・判断・表現］① Googleスライド ・人物の言葉や行動，情景描写等に着目しながら，登場人物の行動や物語の展開の意味を考えたり，登場人物と自分との考えの違いを確認したりしている。
5	・「私」が抱く「希望」とは何を示すのか，人物や情景描写について交流したことをもとに着目すべき表現を取り上げながらワークシートに考えを書き，数名の生徒が発表して考えを共有する。 ・厳しい社会状況の中で，3人の登場人物の生き方を支えているものについて考え，人間が生きていくために必要なことはどのようなことか，自分の考えを文章に書く。 ・本単元で学んだことを振り返り，自分の生き方や社会との関わり方を支える読書の意義と効用について考えたことをワークシートにまとめる。 ●提出した文章の中で優れているものについては後日，Google Classroomで共有する。	［思考・判断・表現］② Googleドキュメント ・作品の内容を踏まえながら，厳しい社会状況の中で人間を支えるものについて自分の考えをもち，表現している。 ［知識・技能］① ワークシート ・本単元の学習を踏まえ，自分の生き方や社会との関わり方を考えるような小説の読み方とその意義等について理解している。

4 個別最適な学びと協働的な学びの充実に向けた指導のポイント

(1) 個別最適な学びを充実させる視点から

　本単元では，各自が担当する登場人物を決めて精査・解釈したことを共有した上で，自分の考えを形成する学習を設定している。まず，第1時に，これまでに学習した「小説を読むときの視点」を振り返らせ，自分にどの力が身に付いているかを自覚させた上で，単元の学習に取り組ませるようにした。また，通読後に気になった語句や時代背景を調べる課題については，生徒個別の興味や関心，知識に応じて，家庭学習の時間を調整しながら取り組む学習として位置付けている。時代背景については社会科の学習などで，ある程度の知識を身に付けているが，調べていくうちに，さらに知りたいと主体的に取り組む生徒は，作品に対する解釈が深まるような知識を事前に調べてくるだろう。さらに，担当する人物を決める際には，自分の特性や興味・関心に応じて，どの人物を担当して学習を深めたいかを考える時間を設定する。「私」については描写も多いため取り組むのが大変だと感じる生徒もいれば，「語り手」であるがゆえに分析しやすいと考える生徒もいる。事前課題で「纏足」について詳しく調べた生徒は「ヤンおばさん」について考察したいと思うかもしれない。課題に取り組んだ後，当初の予想と違って学習を進めるのが難しかったと発見する場合もあるだろう。そのときに生徒は自分の学習の進め方を振り返り，試行錯誤しながら学習に取り組むようになるはずである。

　第2時後半からは，担当する人物について特徴的な叙述を抜き出し，考えたことをGoogleスライドにまとめていく活動を行う。この際，フォーマットを用意しておくが，生徒の特性・興味・関心や，得意とする学習の進め方等に配慮して，自分の考えを伝えるために，もっと分かりやすいスライドをつくりたいという生徒には，フォーマットを使用せずに，自由に作成させる。

　第2時の終わりでは，Googleスライドにまとめた内容を提出させ，その内容から一人一人の学習状況を確認し，支援が必要な場合には，教師がコメント機能を使って特に重点的な指導を行う。そして，第3時には難易度別に2種類の「考察の手引き」を用意し，学習を進めることが難しい場合には「考察の手引き①」，さらに考察を深めたい生徒には「考察の手引き②」を配付する。必要な生徒が自分で取りに来る形をとり，手引きを見て自分に必要ないと思えば，使用しなくてもよいことを指示しておく。「考察の手引き」は「Cと判断する状況」に該当しそうな生徒への支援にもなり，生徒が自分の力に合わせて活用することで，自らの学習を調整する力を育成することにも効果がある。この手引きは，生徒の状況に合わせて，柔軟に作成，活用したい。例えば，第2時の段階で全く課題に取り組むことができない生徒には，ヒントカードとして先に配付することもできるし，難易度により「考察の手引き①」「考察の手引き②」の2種類に分けるだけでなく，より細分化して作成し，学習者に合わせて配付することも考えられる。しかし，手引きはあくまでも手引きであり，本文の叙述を具体的に直接示すような教

A 話すこと・聞くこと

B 書くこと

C 読むこと

師主導の記述は避けるべきである。生徒が自分の学びを調整するため，新たな視点に気付いたり，自分で考えたりする機会を支援するものとしたい。

(2) 協働的な学びの充実に向けた視点から

　本単元では，第2時で自分が担当した登場人物について，その言葉や行動，情景描写等に着目しながら，登場人物の行動や物語の展開の意味を考えたり，登場人物と自分との考えの違いを比べたりする。その際，まずは個人で Google スライドに自分の考えを入力し，第3時以降にグループで交流する設定にしている。しかし，第2時の段階で同じ人物を担当した生徒同士で互いのスライドを閲覧できるようにしておく。そうすることで，考えのまとめ方やその内容など，自分とは異なる学習の進め方を参考にしながら，自分の学習を調整することができる。

　第3時では，まず同じ人物を担当した生徒同士で5人程度のグループ（グループⅡ）をつくり，互いの Google スライドを見せ合いながら考えたことを伝え合う。ここでは自分一人では気付かなかった文章中の表現や解釈の視点を自分の Google スライドに追記していく。このことにより，自分とは異なる考えを組み合わせながら，自分の考えを再構築させていく。また，自分の考えを再構築した上で，互いの考えの共通点や相違点に着目して，人物像や人物設定についてグループで考えたことをまとめていく。

　第4時には，分担を決めた最初のグループ（グループⅠ）に戻り，分析内容を報告する。ここで報告する内容については，第3時のグループⅡのメンバー同士で共有，確認しているので，報告する生徒によって内容に差が生じないようにしている。

　第5時では，この報告をもとに，作品の中に出てくる「希望」とは何なのか，厳しい社会状況の中で人間の生を支えるものは何なのか，ということについて個人で考えをまとめていく。ここでは，前時の報告をしっかりと振り返らせることで，異なる考え方が組み合わさり，よりよい学びを生み出していくようにすることが大切である。

　さらに，学習のまとめとして第5時に個人でまとめて提出させた文章の中から優れたものを教師が選び，後日 Google Classroom で資料として配付する。単元の学習終了後にはなるが，生徒一人一人が今回の学習を今後の読書生活に生かし，小説を読む面白さや意義を味わえるようになるために，各自のペースで，自分とは異なる視点から考えたことが書かれた文章を読んで自分の学びを振り返るよう促したい。

5 授業の実際

●第1時

　初発の感想は，感じたこと，疑問に思ったことを分けて記入させておくとよい。感想を交流する際には，第2時の学習にもつながるよう，まず登場人物について感じたことを発言させる。学習が深まっていくうちに人物に対する見方が変容していく生徒も多いはずなので，ここで感じたことを書き留めさせておく。次に疑問点として記入したものの中から自分で大問と小問に分けさせ，大問と思ったものについて発言させ，全体で共有する。出された疑問の中から単元の目標と照らし合わせて，最終的に全体で考えていくべき課題はどれかを考えさせる。「希望」や「道」をキーワードとして人間と社会との関わりについて考えられるものを全体で考える課題として共有する。

●第2時

　Googleスライドを活用し，自分が担当する登場人物の考察を以下のフォーマットに入力していく。課題に取り組む前に下記の点を確認する。
①抜き出す叙述が長い場合は，抜き出す叙述の最初と最後の部分だけを入力すればよい。
②共通性のある複数の描写から人物像や人物設定を考察する場合，まとめて記入してよい。
③スライド1枚に収まりきらない場合，コピーして枚数を増やしていく。
④フォーマットを使わず，自分でレイアウトしてよいが，考察内容が相手にしっかりと伝わる
　　工夫を考えさせる。
⑤グループに2名「私」を担当する者がいる場合，場面ごとに分担するなどしてもよい。

（　ルントウ　）についての考察		
ページ 行	言動・容貌 身に付けている物など	人物像・人物設定について考えたこと
P 99 L 18	おまえのうわさ～しきりに会いたがっていましたよ	情に厚い。 昔の楽しかった頃を懐かしんでいる。
P 100 ～ P 103	銀の首輪，鉄の刺叉，小鳥を捕るのがうまい，神秘の宝庫	輝いて生き生きとしている。 「私」にとってはヒーローのような存在。

フォーマットと生徒記入例

※同じ人物を担当した者同士で互いのスライドを閲覧できるようにし，支援が必要な生徒は他者のスライドを見て，
　自分の入力の参考にする。

第2時終了後，教師側が生徒のスライドの記述内容を確認し，支援が必要な場合にはコメントを入力し，次時に修正させる。例えば，「おまえのうわさ～しきりに会いたがっていましたよ」という表現に対して，人物像のところに「『私』に会いたいと思っている」「『私』のことが好き」としか書かれていないなど，叙述を根拠にして人物像としてまとめられていない場合は「そこからルントウのどんな性格やどんな状況が読み取れますか」などとコメントを入れる。

●第3時

　本時は前半20分程度，個人で前回の課題の続きを行うことを告げる。その際に，前時の学習を振り返って，人物に関する叙述がなかなか探し出せなかった者，さらに深い考察まで進めたいと思う者は，前に置いてある「考察の手引き」を取りに来てよいと指示する。

「考察の手引き①」	「考察の手引き②」
①セリフや行動，心情表現の他，表情にも着目しよう。 ②人物に関わる比喩表現にはどんな意味が込められているか。 ③どんな呼称が使われているか。 ④過去と現在を比較して変化した部分に着目しよう。	①過去と現在を比較して変化していない部分に着目しよう。 ②その人物が身に付けている物が象徴することは何だろう。 ③情景描写と人物はどう関わっているか。 ④色彩と人物はどう関わっているか。

「考察の手引き①」「考察の手引き②」のモデル

　「考察の手引き」は生徒が自分の学びを調整する手段として位置付けている。「考察の手引き①」は基本的な内容を捉えられるように，「考察の手引き②」は発展的な内容を捉えられるようにする目的で作成する。

　本時後半は，同じ人物を担当する者同士で交流し，自分が気付かなかった新たな視点などは，自身のスライドのページ数を増やして色を変えて追記させる。最初のグループに戻って報告するときは以下の二つの点について行うことを指示する。

・文中の叙述を根拠に人物像をどのように捉えたかを説明する。

・文中の叙述を根拠に他の人物との関係性や，作品の中でどのような人物設定として描かれているかを説明する。

　第3時が終わった段階で，教師側が生徒のスライドをチェックする。スライドに，交流によって気付かされた新たな視点などについて，色を変えて追記していれば，[主体的に学習に取り組む態度]①は「Bと判断する状況」と評価する。

●第4時

　報告後，以下の点について意見を交流し，振り返りシートに考えたことを記入させる。

①3人の登場人物についての叙述を細かく読み取り考察していくと，初発の読みとどのような変化が生まれるか。

②「語り手」の視点以外から読むと，人物の設定や関係性についてどんなことが分かるか。

　「故郷」の情景描写の相違点を比較し，情景描写の意味について考え，次時の課題につなげる。3人の登場人物の考察を報告し合ったことで，新たに発見したことが振り返りシートに記入されていれば［主体的に学習に取り組む態度］①は「Bと判断する状況」と評価する。

●第5時

　ワークシートに「希望」が示すものを記入する際に，そう考えた理由も書く。

○作品に描かれている「希望」とは何を表しているのか。

希望＝（　自分で作り出すもの，平等な社会を築くこと，多くの人が望めば実現すること……　）

○そう考えた理由

・「偶像崇拝」「手製の偶像」とあり，「偶像」は自分があこがれてすがるもので，自分でそれを作り出しているのだと思った。

・「新しい生活」とあるから，これまでの身分制度がなくなった平等な社会を望んでいるのだと思った。

・「地上の道のようなもの」とあるから，人が歩く（実現に向けて歩む）と希望が叶うかもしれない。

　Googleドキュメントに400字〜600字で考えをまとめる。（生徒作品例）

　　どんなに働いても，古い身分制度の中，凶作や重い税金のせいで暮らし向きがよくならないルントウは何を支えに生きているのだろうか。外見は変わってしまったルントウだが，家族のために必死に働いている姿や優しい性格を感じられる。貧しいのに私の家に「青豆の干したの」をお土産に持ってきたり，仲良くなった自分の子供たちを悲しませないように，最後の日は連れてこなかったり，決してでくのぼうではない。最後に灰の山に碗や皿を隠したのは，そんな小さなものまでもらうのを恥ずかしいと思ったのではないか。ヤンおばさんも外見は変化したが，「蔑むような表情」で「私」を見ているから，豆腐屋小町の頃のプライドは失っていないのだろう。

　　人間は厳しい社会状況の中で，楽しかった思い出が支えになる時がある。日々の中で自分の支えになる思い出を作っていくことの大切さを感じる。でも，世の中には生まれた時から厳しい状況にあって，喜びを見出せない人もいる。自分で頑張ってもどうにもならないとき，やはり誰かが助けないと生きていけない。社会は人と人とのつながりでできているものだ。「私」がルントウのために他にできたことはないのだろうか。「希望」をもつだけでなく，「希望」を実現するためにどんな行動ができるのか考えていく必要があると思う。

（渋谷　頼子）

小説を批判的に読みながら，文章に表れている ものの見方や考え方について考えよう

06

教　材　「握手」（光村・三省）

1　単元について

　本単元は，文学作品「握手」を教材とする。文学的文章の学習は，次の3段階を意識させて学習を行っている。第1段階は「登場人物やあらすじなど文章に書かれていることを正しく読み取る」，第2段階は「直接表現されていないが，表情，動作等の叙述や前後の展開から誰が読んでも同じように読めるところを読む」，第3段階は「直接叙述されていないことをそれまでの読みで得た情報を活用しながら，自分の考えをもって読む」である。これまでの2年間の学習の成果を生かして，本単元の学習に取り組ませたい。

　「握手」は，様々な過去のエピソードから多角的に登場人物である「ルロイ修道士」の人物像に迫ることができる。第1段階として，それぞれのエピソードを正確に読み取らせた上で，第2段階として各エピソードから読み取れる「ルロイ修道士」の人物像を考えさせる。そして，第3段階として各エピソードをもとに考えた「ルロイ修道士」の生き方について，自分の考えをもたせる学習を行う。

　生徒の興味や関心から読み深めたいエピソードを選択させ，同じエピソードを選択した生徒同士で専門家グループを組み，話し合いを通して考えを深めさせる。また，その後で他のエピソードを選択した生徒同士でグループを組ませて話し合わせることで，多角的な視点から「ルロイ修道士」の人物像を考えさせる。

2　単元の目標・評価規準

(1)　理解したり表現したりするために必要な語句の量を増し，慣用句などについて理解を深め，語感を磨き語彙を豊かにすることができる。　　　　　　　　　　　〔知識及び技能〕(1)イ

(2)　文章を批判的に読みながら，文章に表れているものの見方や考え方について考えることができる。　　　　　　　　　　　　　　　　　　　　　〔思考力，判断力，表現力等〕C(1)イ

(3)　言葉がもつ価値を認識するとともに，読書を通して自己を向上させ，我が国の言語文化に関わり，思いや考えを伝え合おうとする。　　　　　　　　　　　「学びに向かう力，人間性等」

ICT の活用場面

[ツール・アプリ等] Google スライド　ミライシード（オクリンク）

●全時間共通　振り返りを書き，提出する。（オクリンク）

●第2・3時　自分の考えを書き，共有機能を使って交流する。（Google スライド）

●第3時　話し合いを通して考えたことを書き，提出する。（オクリンク）

●第4時　自分の考えを書き，交流する。（オクリンク）

知識・技能	思考・判断・表現	主体的に学習に取り組む態度
①理解したり表現したりするために必要な語句の量を増し，慣用句などについて理解を深め，語感を磨き語彙を豊かにしている。((1)イ)	①「読むこと」において，文章を批判的に読みながら，文章に表れているものの見方や考え方について考えている。（C(1)イ）	①進んで文章に表れているものの見方や考え方について考え，学習課題に沿って考えたことを伝え合おうとしている。

3　単元の指導計画（全4時間）

時	主な学習活動 ★個別最適な学びの充実に関連する学習活動 ●協働的な学びの充実に関連する学習活動	・評価規準と評価方法
1	・単元のねらいをつかむ。 ・教材文を読み，あらすじの大体を捉え，各エピソードの内容をつかむ。 ★「過去のエピソード」の場面に印をつける。 ★教材文が「現在」と「過去のエピソード」から構成されていることを確認する。 ・登場人物やエピソードを確認する。 ・本時の学習を振り返る。	
2	★作品の中で自分の最も関心が高いエピソードを一つ選び，そのエピソードから読み取れる「ルロイ修道士」の人物像について考える。 ●1人1台端末を用いて，Google スライドに自分の考えを書き込む。	[知識・技能] ① <u>ワークシート（Google スライド）</u> ・「ルロイ修道士」の言葉や行動を表す慣用句などに着目し，その意味を理解するとともに，人物の性

	●同じエピソードを選んだ者同士で4人程度のグループを組み，そのエピソードから読み取れる「ルロイ修道士」の人物像について話し合う。 ★グループでの話し合いで得た友達の意見を参考にし，改めて考えた「ルロイ修道士」の人物像をGoogleスライドに書き込む。 • 本時の学習をオクリンクを用いて振り返る。	格等を表す言葉を適切に用いて「ルロイ修道士」の人物像を表現している。
3	●違うエピソードを選んだ者同士で4人程度のグループを組み，それぞれのエピソードから読み取れる「ルロイ修道士」の人物像について話し合う。 ●各グループで話し合ったことを，クラス全体で共有（クロストーク）する。 ★話し合いを通して考えた「ルロイ修道士」の人物像をオクリンクに書き込む。 • 本時の学習を振り返る。	[主体的に学習に取り組む態度] ① 観察 • 文章を読み返しながら「ルロイ修道士」の言動の意味や，選んだエピソードが物語の展開の中でもつ意味について考え，学習課題に沿って伝え合おうとしている。
4	●前時にまとめた人物像を踏まえ，「ルロイ修道士」と自分との考え方の共通点や相違点を確認しながら，「ルロイ修道士」の生き方に納得や共感ができるか否かについて考えたことをオクリンクに書き込む。 ●4人程度のグループを組み，オクリンクを見せ合いながら考えたことを交流する。 ●オクリンクの共有画面を用いて，クラス全体で考えたことを交流する。 • 単元全体の学習を振り返る。	[思考・判断・表現] ① ワークシート（ミライシード・オクリンク） • 「ルロイ修道士」と自分との考え方の共通点や相違点を踏まえ，「ルロイ修道士」の生き方に納得や共感ができるか否かについて考えている。

4 個別最適な学びと協働的な学びの充実に向けた指導のポイント

(1) 個別最適な学びを充実させる視点から

　本単元では，過去の様々なエピソードの中に描かれている「ルロイ修道士」の言動の意味することや，物語の展開の中で各エピソードが示す役割を考えたり，登場人物と自分との考え方の違いを確認したりする学習活動を行う。その際，自分が読み深めたいエピソードを選択することにより，生徒一人一人が自らの興味・関心等に応じて学習を調整しながら進められるように工夫している。

　第2時では，生徒は自分が選択したエピソードの描写から「ルロイ修道士」の言動の意味や，物語の展開の中でそのエピソードが果たす役割について考えながら，人物像をまとめる学習を行う。その際，1人1台端末を用いて，Googleスライドに自分の考えを書き込ませる。Googleスライドの共有機能を使うことで，「ルロイ修道士」の言動の意味を十分に捉えられない生徒や，課題に沿った学習をうまく進めることができない生徒の状況を把握することができる。「ルロイ修道士」の人物像を適切に捉えることができない生徒に対しては，選択したエピソードの中に描かれている，「ルロイ修道士」の言葉や行動を確認させ，「もし，自分がその言葉を発したり行動を取ったりするとしたら，そのとき，どのようなことを考えているだろうか」「『ルロイ修道士』が，この場面でこの言葉を発したり行動を取ったことには，どのような意味があるのだろうか」などの発問をし，その言動の意味について具体的に考えさせながら人物像を想像できるようにする。また，「ルロイ修道士」の言動の中に使われる語句の意味や，自分の選んだエピソードが物語の展開の中で果たす役割を捉えることが難しい生徒に対しては，コメント機能を活用し，「○○というのは，どのような意味を表す言葉だろうか」「ここで『ルロイ修道士』がこの言葉を発したのは，〜と考えたからではないだろうか」などと，語句の意味を捉え直したり，物語の展開を俯瞰的に捉えたりできるように具体的な助言をする。このようにGoogleスライドの共有機能やコメント機能を効果的に活用することで，支援が必要と判断した生徒に対して，その場で重点的に指導することができ，その後の学習の改善を促すことができる。

　第3時では，話し合いを終えた後に，友達の意見も参考にして，再度「ルロイ修道士」の人物像について自分の考えを書かせる。この際には，ミライシードのオクリンクを使い，書いたカードを提出させる。提出されたカードに記述されている内容から，「ルロイ修道士」の言動の意味や，各エピソードが物語の展開の中でもつ意味について適切に考えることができているかを確認する。明らかに誤って捉えている生徒に対しては，第4時までに自分の考えを修正できるようにコメント機能を用いて助言する。これらのことにより，「文章を批判的に読みながら，文章に表れているものの見方や考え方について考える」力を確実に育成できるようにする。

　第4時では，それまでに考えてきた人物像を踏まえ，文章に表れているものの見方や考え方

A 話すこと 聞くこと

B 書くこと

C 読むこと

について考える学習を行う。ここでは，第1時から第3時までの学習において考えた「ルロイ修道士」の人物像からその生き方を想像させ，現在の自分自身や将来の自分自身との共通点や相違点を確認させながら，その生き方に対して納得や共感ができるか否かについて考えさせる。この学習においても，1人1台端末を用いて，ミライシードのオクリンクで自分の考えを書かせる。オクリンクには「LIVE モニタリング」という機能があり，学習者の端末の画面を見ることができる。この機能を活用することで，つまずきが見られる生徒を把握することができ，それぞれの学習状況に応じて，個別にヒントを伝えることができる。

(2) 協働的な学びの充実に向けた視点から

　本単元では，ジグソー学習の手法を取り入れた「協働的な学び」を行う。第2時に，同じエピソードを選択した生徒同士で専門家グループを組み，そのエピソードから読み取れる「ルロイ修道士」の人物像について話し合う。同じエピソードを選択した者同士の話し合いであるため，互いに疑問点を出し合ってより適切な解釈をもつことができるようにしたい。そこで，自分たちが選んだエピソードに描かれている「ルロイ修道士」の言葉や行動がどのような意味をもっているのか，そのエピソードが物語の展開にどのような意味をもっているのかを考えながら，人物像をまとめることを目標に話し合いを行うよう指示する。ここでは，話し合いに入る前に自分の考えを書き込んだ Google スライドを共有して見せ合うことで，音声言語だけでなく文字言語で考えを共有し，互いの考えを丁寧に確認しながら話し合わせたい。

　その後，他のエピソードを選択した生徒同士でグループを組ませて話し合わせる。それぞれのエピソードをより深く考えた者同士が，それぞれのエピソードから考えられる「ルロイ修道士」の人物像を伝え合うことで，複数のエピソードから多角的に人物像を考えさせることができる。この際も，自分の考えを書き込んだ Google スライドを共有して見せ合いながら話し合うことができる。

　グループでの話し合いの後に，クラス全体でクロストークを行う。クロストークを行うことで，専門家グループによる情報の偏りを少しでも減らし，クラス全体で情報を共有することができる。この3段階の話し合いを行うことで，「協働的な学び」の充実を図る。

　また，第4時にも，「ルロイ修道士」の生き方や考え方について，それぞれが考えたことをグループで話し合わせる。この話し合い活動は，互いの考えを広げさせるためのものである。それぞれの学習状況や価値観によって様々な考えが生まれる学習であるため，他の人の考えに触れることによって，人それぞれ様々な見方ができることに気付かせることができるとともに，自分の考えを広げる機会にすることができる。

5　授業の実際

●第1時

　はじめに，単元の目標と具体的な活動を生徒に示す。本単元の目標は「登場人物の人物像を読み取り，その生き方に対する自分の考えをもつ」ことである。そのための学習活動としては，まず，文章中に散りばめられた「ルロイ修道士」にまつわるエピソードの中から，自分の最も関心が高いエピソードを選び，そのエピソードについて詳しく読み取ることによって，そのエピソードから読み取れる「ルロイ修道士」の人物像を考える。次に，同じエピソードを選択した者同士で話し合いを行うことで，考えを深める。その後，他のエピソードを詳しく分析した者とグループを組んで「ルロイ修道士」の人物像について話し合うことで，複数のエピソードから多角的に「ルロイ修道士」の人物像に迫る。つまり，ジグソー学習の考え方を取り入れて「ルロイ修道士」の人物像を読み取る学習を行う。最後に，読み取った人物像から考えられる「ルロイ修道士」の生き方に対して，自分の考えをもち，交流する活動を行う。

　単元のはじめに，目標と学習活動を明確に示すとともに，生徒にこれまでの自分の学習で学んだことや不十分なことを振り返らせることで，これまでに学んだことをこの単元でどのように生かしていくか，どの活動に特に力を入れて不十分なことを克服していくかを考えさせ，自分の学習に見通しをもたせる。また，その後の学習の過程で，単元の目標に向けた学習状況を振り返らせることによって，一人一人の学習調整力を高めていくことができる。また，一人一人が自分の学習状況に応じて，自分なりの課題をもって取り組むことは，「個別最適な学び」にもつながっていく。

　教材文を読ませる際は，明確に課題をもって読むことができるようにするため，事前に文章の展開の特徴である「現在」と「過去のエピソード」という時間軸によって語られていることを生徒に提示する。本教材は，この文章の展開について詳しく分析してその効果を考えさせる授業展開も考えられるが，本単元の目標を達成させる手段としては，事前に提示することによって，読むことが苦手な生徒にとっても，初読の段階からエピソードをつかみやすくすることができると考える。第1時では，以下の登場人物とエピソードについて，全体で確認し共有する。

【登場人物】
- わたし
  中学三年生の秋から天使園（児童養護施設）にいた。今は大人になり、東京で働いている。
- ルロイ修道士
  天使園の園長だった。「わたし」と会った少し後に亡くなった。

【エピソード】
- 「天使の十戒」とルロイ修道士との握手のエピソード
- てのひらや左手の爪のエピソード
- 無断で東京へ行ったエピソード
- 「上川君」とのエピソード

A
話すこと
聞くこと

B
書くこと

C
読むこと

2章　「個別最適な学び」と「協働的な学び」の一体的な充実を通じた授業改善を図るプラン　**67**

授業の終わりに行う振り返りは，1人1台端末を用いて行う（毎時間実施）。生徒はミライシードのオクリンクを用い，振り返りを書いたカードを，教師に提出する。第1時では，単元の目標に対して，現在の学習状況から自分が特に力を入れて取り組んでいきたいことを記入させる。

●第2・3時

第2時では，自分の最も関心が高いエピソードを選ばせて，そのエピソードについて正確に読み取らせる。そして，そのエピソードの出来事を自分なりに解釈させ，「ルロイ修道士」の人物像を考えさせる。そして，1人1台端末を用いて，考えたことをGoogleスライドに書き込ませる。

Googleスライドの共有機能を使うことで，生徒の書き込んでいる様子を教師も把握することができる。そのため，書き始めることができていない生徒や，正確に読み取ることができていない生徒に対して，即自的に指導・助言をすることができる。

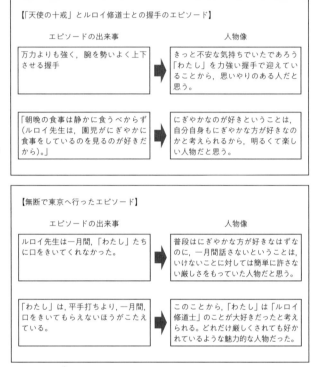

また，この共有機能を活用することによって，グループでの話し合いの際に，実際に書き込んだ文字を見ながら話し合うことができる。Googleドキュメント等の共有機能を用いても，同様に書き込んだものを共有できるが，Googleスライドを用いた方が，シート選択が容易なため，話し合いの際に，それぞれのシートを見せ合いやすい。

第2時と第3時は，ジグソー学習の手法を取り入れた協働的な学びを行う。第2時では，同じエピソードを選択した者同士で3～4人のグループを組み，話し合いをする。同じエピソードを選択した者同士で，より考えを深めさせるために話し合う。1人1台端末を活用することで，例えば児童養護施設とはどのような場所なのか調べたり，第二次世界大戦中の日本における外国人の扱いについて調べたりすることもできる。小説のエピソードの背景にあるものについての知識をもつことは読みを深めるために有効である。

グループで話し合わせた後で，再度自分の考えをまとめる時間を設けることにより，自分なりの「ルロイ修道士」の人物像を考えることができる。また，これは第3時の話し合いのための準備となっている。

第3時は，異なるエピソードを選んだ者同士の話し合い活動をメインとする。異なるエピソードを選んだ者同士で，3〜4人のグループを組み，それぞれのエピソードから読み取れる「ルロイ修道士」の人物像について話し合う。複数のエピソードから多角的に考えさせることにより，「ルロイ修道士」の人物像をより深く考えさせることができる。

　また，話し合い後にクラス全体でクロストークを行う。ジグソー学習の手法を取り入れた話し合い活動は，グループによっては情報が断片的になってしまう可能性もある。そこで，最後にクラス全体でクロストークを行うことで，必要な情報の共有を行うことができるとともに，それぞれの話し合いの成果を，より広げたり深めたりすることができる。

　そして，クロストーク後に，複数のエピソードを根拠として，「ルロイ修道士」の人物像をまとめさせる。これまでは，自分が選択したエピソードのみを根拠としてきたが，最後に複数のエピソードを根拠として「ルロイ修道士」の人物像をまとめさせることで，協働的な学びによって考えを広げさせることにつながる。

●第4時

　第4時の学習活動は，「直接叙述されていないことをそれまでの読みで得た情報を活用しながら，自分の考えをもって読む」ことをさせる。「1　単元について」で述べた「第3段階」の読みである。この場合は生徒自身の体験等を想起させ，考えさせる。第3時で，複数のエピソードから「ルロイ修道士」の人物像をまとめることにより，「ルロイ修道士」がどのようなことを大切にして生きてきたのか，つかむことができる。それぞれが考える「ルロイ修道士」の生き方について，自分なりの言葉で評価をさせる。

　まだ自分の生き方というものは明確になっていない生徒が多いとは思われるが，今の自分と比較させたり，将来の自分と比較させたりすることにより，文章に表れた「ルロイ修道士」の生き方やものの考え方に対して，主体的に自分の考えをもたせることができると考える。

> 　児童養護施設の園長として，多くの孤独で困難な状況の子どもたちに温かくも，時には厳しく接することで，本当の愛情を示し続けている人間愛のあふれた「ルロイ修道士」の生き方を尊敬します。自分が同じ立場だったら，「ルロイ修道士」のような常に愛情あふれた行動を取れるか自信はないけれど，自分も将来困っている人を助けられるような仕事につきたいと思っているので，人を愛するという「ルロイ修道士」の行動をまねしていきたいです。

　そして，それぞれが考えたことをグループやクラス全体で交流させる。考えを交流させることにより，それぞれの考えをより広げたり深めたりすることができる。その際に，オクリンクの共有機能を使うことで，容易にクラス全体の考えを把握することができる。

　第4時の振り返りは，単元全体の振り返りとして，単元の目標に対して，自分の学習状況を振り返らせる。こうした振り返りを繰り返し行うことで，自分の学習状況を客観的に把握し，学習を調整する力を身に付けさせることができると考える。

（福島　教全）

小説を読んで表現の仕方を評価しよう 07

教材　「百科事典少女」（東書）

1　単元について

　本単元は，「小説を読み味わうとともに批評する力を養うこと」を目標としている。教材「百科事典少女」は，百科事典を愛する少女と，彼女亡き後の父親の姿を通して，人と人との交流やそれぞれの思いが描かれている。平易な文体でありながら，登場人物たちの本や人に対する思いが，選び抜かれた言葉で描写されており，表現の工夫やその効果について考えるのに適した教材であると言える。そこで本単元では，描写等に用いられている語句の意味に着目しながら，登場人物の「百科事典」への思いを捉える学習を踏まえ，作品の結末が百科事典の「ンゴマ」の記載で終わっていることなど「百科事典」にまつわる表現の仕方について評価する学習を設定した。課題に取り組む際は，生徒一人一人が自らの興味・関心等に応じて取り上げる語句や表現の仕方を選んで学習の進め方を工夫することができるようにするとともに，個々の生徒に応じた丁寧な助言を行うようにする。また，個別に考えたことをグループで交流する時間や，ロイロノートで意見を共有する機会を設定し，他者の考えから新たな気付きを得たり，自分の考えを深めたりできるようにする。本単元での学習が，今後小説を読む際の視点として個々の生徒に生かされていくことも目指す。

2　単元の目標・評価規準

(1)　理解したり表現したりするために必要な語句の量を増し，語感を磨き語彙を豊かにすることができる。　　　　　　　　　　　　　　　　　　　　　　　　　〔知識及び技能〕(1)イ

(2)　表現の仕方について評価することができる。

〔思考力，判断力，表現力等〕C(1)ウ

(3)　言葉がもつ価値を認識するとともに，読書を通して自己を向上させ，我が国の言語文化に関わり，思いや考えを伝え合おうとする。　　　　　　　　「学びに向かう力，人間性等」

[ツール・アプリ等] ロイロノート・スクール（以下「ロイロノート」）

●第1時　初読後の感想を共有する。

●第2時　百科事典をめぐる登場人物の思いについて考えたことを共有し，意見交換・提出する。

●第3・4時　「百科事典」にまつわる表現について考えたことを共有し，意見交換・提出する。

知識・技能	思考・判断・表現	主体的に学習に取り組む態度
①理解したり表現したりするために必要な語句の量を増し，語感を磨き語彙を豊かにしている。((1)イ)	①「読むこと」において，表現の仕方について評価している。（C(1)ウ）	①粘り強く表現の仕方について評価し，学習課題に沿って考えたことを文章にまとめようとしている。

3　単元の指導計画（全4時間）

時	主な学習活動 ★個別最適な学びの充実に関連する学習活動 ●協働的な学びの充実に関連する学習活動	・評価規準と評価方法
1	・単元の目標を確認し，学習の見通しをもつ。 ・「百科事典少女」という題名から想像する作品の内容やイメージを出し合う。 ・全文を通読し，大まかな内容を捉える。 ●登場人物について感じたことや疑問点など，初読後の感想を交流する。	
2	・百科事典への思いが伝わる表現を取り上げ，百科事典をめぐるそれぞれの登場人物の思いについて考える。 （例） 百科事典を読み百科事典について語るRちゃん／「百科事典を買っておいて本当によかった。」とつぶやく父／「百科事典は大丈夫です。」と言った「私」／「アッピア街道」について想像する「私」／百科事典を書き写す紳士おじさん／百科事典を写し終えた紳士おじさん　など ★4人の人物のうち1人を選び，その人物が百科事典を読ん	

A　話すこと・聞くこと

B　書くこと

C　読むこと

	でいる様子の描写や会話で用いられている印象的な語句に着目しながら，百科事典に対するどのような思いが伝わってくるかについて，自分の考えを書く。 ●同じ人物について書いた者同士で意見交流した後，違う人物について書いた者同士で意見交流を行う。 ★本時の学習を振り返り，印象に残った語句の文脈上の意味と，自分が印象に残った理由をロイロノートにまとめ提出する。	[知識・技能] ① ロイロノート • 自分が印象に残った語句の文脈における意味を理解し，その語句の使い方が効果的であるかどうかを考えている。
3	★前時の学習を踏まえて，全文を読み返し，文中の「百科事典」に関わる語句や表現（アッピア街道／手提げ袋／レモネード／ベベ／ひまわりの椅子／ンゴマ　など）から自分が特に印象に残ったものを取り上げ，「その語句や表現がある場合とない場合で，登場人物の人物像や物語の展開等の印象がどう変わるか」について考える。 ●同じ語句や表現について書いた者同士で意見交流をする。 ★各自で再度全文を読み返し，意見交流で得た他者の意見を参考にしながら，最初に書いた自分の考えを加筆・修正する。	[主体的に学習に取り組む態度] ① 観察・ロイロノート • 繰り返し文章を読み，他の生徒の考えを生かしながら，自分が特に印象に残った語句や表現について，課題に即して考えようとしている。
4	●各自で全文を通読した後，違う表現について書いた者同士で意見交流を行う。 ★これまでの学習を踏まえて，「百科事典」に関わる語句や表現（アッピア街道／手提げ袋／レモネード／ベベ／ひまわりの椅子／ンゴマ　など）から自分が特に印象に残ったものを取り上げ，その表現の仕方が人物像や物語の展開等を読み手に印象付ける上でどのような効果を上げているかについて叙述に即して評価し，文章にまとめる。 • まとめた文章を数名が発表し，全体で共有する。 • 単元の学習を振り返る。	[思考・判断・表現] ① ロイロノート • 特に印象に残った「百科事典」に関わる語句や表現を取り上げ，それが人物像や物語の展開等を読み手に印象付ける上でどのような効果を上げているかについて叙述に即して評価している。

4　個別最適な学びと協働的な学びの充実に向けた指導のポイント

(1) 個別最適な学びを充実させる視点から

　本単元では，〔知識及び技能〕(1)イが示す資質・能力を育成するために，登場人物の百科事典への思いが伝わる語句や表現から印象に残ったものを選び，その文脈上の意味と印象に残った理由を考え，語感を磨き語彙を豊かにする学習に取り組む。また，〔思考力，判断力，表現力等〕C読むこと(1)ウが示す資質・能力を育成するために，「百科事典」に関わる語句や表現から自分が特に印象に残ったものを取り上げ，その表現の仕方が人物像や物語の展開等を読み手に印象付ける上でどのような効果を上げているかについて叙述に即して評価し，文章にまとめる学習に取り組む。

　第2時では，登場人物の「百科事典」をめぐる思いについて考える際，一人一人の生徒が自らの興味・関心等に応じて着目する登場人物を選ぶ形にした。4人の人物から1人を選ぶが，それぞれの興味・関心等や学習進度，学習到達度等に応じて，2人以上の登場人物を選んでもよいこととする。その上で，「百科事典」をめぐる思いについて考える際には，その人物が百科事典を読んでいる様子の描写や会話で用いられている印象的な語句に着目しながら，百科事典に対するどんな思いが伝わるかについて，自分の考えを書かせた。ここでも，生徒は自らのこれまでの語句に関する学習経験や日常での語彙の使用経験等を踏まえながら，自分が着目する語句を自由に選択し，考えを深めることになる。全員一律に同じ語句の意味を調べさせ，その意味を書き留める学習も大切ではあるが，ここでは，様々な印象的な語句が用いられている本教材の特質を生かしながら，生徒一人一人が自らの語感を働かせながら，自分が着目した語句の意味やその語句の使用がもたらす効果について深く考えさせたい。

　第4時では，「百科事典」にまつわる表現を評価させる。教科書の「てびき」には，「作品の最後が『ンゴマ』についての百科事典の記述で締めくくられていることには，どのような効果があるだろうか。」という学習課題が示されているが，本教材では，「ンゴマ」以外にも「百科事典」に関わる様々な語句や表現（アッピア街道，手提げ袋，レモネード，べべ，ひまわりの椅子など）が使われている。これらの使われ方を評価する場合には，その語句や表現に関する読み手の既有知識や認知スタイル等を働かせて思考する。そこで，全員一律に同じ評価をするのではなく，生徒が自らの特性や興味・関心等に応じて，評価の対象とする語句や表現を選べるようにした。生徒は第3時の学習を通して，「百科事典」にまつわる様々な表現についても考えている。そのような一人一人の学習の状況も振り返らせながら，それぞれが何度も教材文を読み返す中で興味・関心をもった語句や表現を選ばせたい。

　これらの学習では，どの登場人物を選ぶか，どの語句や表現に着目するかを決めることが難しい場合もある。生徒の学習の状況を丁寧に観察しながら，支援が必要な生徒に対しては，どのようなことに困っているのかを聞きながら，必要に応じて重点的な指導を行っていきたい。

(2) 協働的な学びの充実に向けた視点から

第1時では，初読後の感想を交流する。1人1台端末を利用し，ロイロノートを使って互いの感想を共有することで，他者の考えに触れさせる。人物に対する感想や疑問点の中には，第2時以降の学習に関わるものも出てくるであろう。そのような感想や疑問点は，教師が取り上げて生徒に着目させることで，この後の学びを深められるよう意図的な指導を心がけたい。

第2時では，登場人物の「百科事典」をめぐる思いについて考えを交流するが，人物を個人で選んでいるため，まず同じ人物を選んだ者同士でグループをつくり意見交流をする。ここでは，同じ人物に関する表現といっても様々な表現があるので，それぞれが着目した印象的な語句の違いとそこからどのような思いを読み取ったかという点に注意して，読み取った思いの共通点や相違点を整理しながら話し合うように指示する。例えば，Rちゃんを選んだ生徒であっても，着目する印象的な語句は「（百科事典を）抱え込む」「小ぬか雨」「（アッピア街道を）心からいたわり」「心の底から」「労をねぎらう」「（もっと遠くの）どこか」など様々である。それぞれの語句から各生徒が読み取った百科事典への思いの共通点や相違点を整理していく中で，自分だけでは気が付かなかった語句が持つ語感に気付くことができるようにしたい。

その後，自分が選ばなかった人物について考えた人とグループをつくり，各自が自分の考えを他者に説明していく。ここでは，同じ人物を選んだ者同士で交流して広げた考えを，違う人物を選んだ生徒に対して丁寧に説明することで，自分の考えを確かなものにすると同時に，自分がそれほど興味・関心のなかった人物に関する表現にも，捉え方によっては深い意味を読み取ることができるという新たなものの見方に気付くことができるようにしたい。第2時では，このような2段階の交流によって，印象に残った語句の文脈上の意味と，自分が印象に残った理由を考え，語感を磨き語彙を豊かにすることができるようにする。

第3時では，それまでの学習を踏まえて教材文の表現の仕方を評価する学習である。まずは個人で「その表現がある場合とない場合で，登場人物の人物像や物語の展開等の印象がどう変わるか」を比較して考えた後，同じ表現を選んだ者同士のグループで考えを交流する。その後，一度自分の考えを再構築した上で，第4時には，違う表現を選んだ者同士の交流を行う。この2回の交流でも，第2時と同様に交流で意識する点を示し，考えを広げた上で，確かなものへと深めさせていく。

第2時と第3・4時の2回の交流は，どちらもロイロノートで各自の考えを共有して行う。また，どちらも，同じ人物や表現を選んだ者同士での交流を経て，異なる人物や表現を選んだ者同士の交流を行うという「協働的な学び」とした。このような意見交流をしながら作品を読み深め，自分の考えを構築していく楽しさを生徒に味わわせたい。

5　授業の実際

●第1時

(1) 百科事典に馴染みのない生徒のために，百科事典の実物を見せる。実物から感じる百科事典のイメージと，「百科事典少女」という題名との結び付きについて自由に発言させる。

〈生徒発言例〉

・「百科事典」のように物知りで，何を質問しても答えられる少女の話。

・いろいろな百科事典をコレクションしている少女の話。

・お祖父ちゃんからもらった「百科事典」の一部をいつも持ち歩いている少女の話。

・百科事典から飛び出してきた少女が主人公のファンタジー小説。

(2) 場面は大きく三つに分けられるが，第1の場面を二つまたは三つに分けて内容を整理した方が分かりやすい。

(3) 初読の感想を交流する際は，ロイロノートの共有画面をもとに，人物についての感想・表現の特色に関すること，疑問に感じたことなど，大まかに分類しながら生徒を指名して発表させる。

●第2時

(1) ロイロノートに①選んだ人物，②百科事典をめぐる思いが伝わる表現（特に印象に残った語句），③百科事典に対してどのような思いが読み取れるかを記入させる（人物ごとにカードの色を分ける）。どのように学習に取り組んだらよいか分からずに困っている生徒には，まず，自分が選んだ人物が百科事典を読んでいる様子の描写や会話に線を引くように指示する。その上で，線を引いた表現の中から，いくつか印象に残る語句や気になる語句を丸で囲ませ，それぞれの意味を辞書で確認させながら，百科事典に対するどんな思いが伝わるかについて考えられるよう助言する。

〈生徒記入例〉

①「Rちゃん」

②P.41 L.34「（百科事典を）抱え込む」

③お尻が少しずつ椅子から浮き上がり，片膝が椅子に載り，抱え込むような姿勢になっていくという表現から，読んでいるうちに，次第に百科事典の世界に入り込んで夢中になっている様子が伝わってきた。「抱え込む」というところから，Rちゃんが百科事典を大事に思っているのだと考えた。

(2) 記入したカードを共有画面で共有しながら，グループで意見交流をする。まず同じ人物を選んだ者同士でグループをつくり意見交流をする。その後，異なる人物を選んだ者同士でグループをつくり意見交流をする。

(3) ロイロノートに，印象に残った語句の文脈上の意味と，自分が印象に残った理由をまとめ，

提出する。

〈生徒記入例〉

　私は，「抱え込む」という語句が印象に残った。これは，Ｒちゃんが百科事典を読んでいる様子を描写している表現で出てきた語句だ。文脈上の意味は，「百科事典をだきかかえるようにして両腕の中に入れる」ということだと思う。

　印象に残った理由は，まず，ここを最初に読んだときに，Ｒちゃんのお尻が少しずつ椅子から浮き上がり，片膝が椅子に載り，抱え込むような姿勢になっていくという表現から，読んでいるうちに，次第に百科事典の世界に入り込んで夢中になっている様子が伝わってきて面白かったからだ。また，「抱え込む」という言葉の意味から，Ｒちゃんが百科事典を，何か大事なものとして体全体で包み込んでいるのだと分かる。きっと，Ｒちゃんにとっては，百科事典は現実の世界よりも，もっと夢中になれるいろいろな世界を見させてくれる大切な存在だったのだろう。そんなことまで伝わってくるので，この言葉が印象に残った。

●第3時

(1) 前時の学習を踏まえて，全文を読み返し，「百科事典」にまつわる表現から自分が特に印象に残ったものを取り上げ，ロイロノートに，①自分が特に印象に残った表現，②その表現がある場合の登場人物や物語の展開等の印象，③その表現がない場合の登場人物や物語の展開等の印象，④比較して気が付いたことを記入する。「百科事典」にまつわる表現は，「アッピア街道」「手提げ袋」「レモネード」「べべ」「ひまわりの椅子」「ンゴマ」に関する表現を例として挙げ，これらの中から選ばせたが，これ以外の表現を取り上げてもよいこととした。

〈生徒記入例〉

①「ンゴマ」

②作品中には百科事典の項目がいくつも出てきて，「アッピア街道」と「ンゴマ」だけは具体的に書かれている。作者は「あ」の項目である「アッピア街道」との対比として「ん」の項目である「ンゴマ」の項目を記載することで，この話が終わったことを印象付けているのではないかと思う。

③百科事典の項目が具体的に示されるのは「アッピア街道」だけとなり，始まりの「あ」は示されるが，終わりの「ん」がない形になる。読者は，Ｒちゃんが楽しみにしていた百科事典の最後を自由に想像できる。

④題名にある「百科事典少女」のことを具体的な名前ではなく「Ｒちゃん」と表現していることからも，百科事典の最後の項目をはっきり書かない方が謎めいていてよいと思う。その方がこの作品の世界に合っている。

(2) 記入したカードを共有画面で共有しながら，グループで意見交流をする。まず同じ表現を選んだ者同士でグループをつくり意見交流をする。その後，異なる表現を選んだ者同士でグループをつくり意見交流をする。

(3) 各自で再度全文を読み返し，意見交流を振り返りながら，最初に書いた考えを加筆・修正してロイロノートで提出する。この記述を教師は確認し，支援を要する生徒に対しては，コメントを付して重点的に指導する。

●第4時

(1) 各自で全文を通読しながら，前時に提出したカードを再度加筆修正したものを共有画面で共有し，違う表現について書いた者同士で意見交流を行う。

(2) これまでの学習を踏まえて，「百科事典」にまつわる表現から自分が特に印象に残ったものを取り上げ，その表現の仕方が人物像や物語の展開等を読み手に印象付ける上でどのような効果を上げているかについて叙述に即して判断し，その意味などについて考えたことをロイロノートにまとめる。

〈生徒記入例〉

・「アッピア街道」

「はるか遠くから旅してくるアッピア街道」「アッピア街道をどこまでも歩いてゆく」というような表現から百科事典を最初から順に最後まで読み進めようとしているRちゃんの行動の象徴となっていると思う。早く最後まで読みたいというRちゃんの願いと対になってRちゃんの人物像が印象付けられる。

また，Rちゃんが声に出して読む場面や紳士おじさんが百科事典を書き写す場面では「アッピア街道」の百科事典の記述だけでなく「私」の空想も書かれているので，空想好きな「私」の様子や，現実の世界とは異なる百科事典の世界というものを想像しやすい。

さらに，Rちゃんと紳士おじさんが「アッピア街道をいっしょに歩いてゆく。」という表現からは，紳士おじさんの「娘をいつまでも愛し続けていたい」という人物像が強く印象付けられる。百科事典を書き写すことで，幼くして死んでしまったRちゃんが歩いていた道を見つけ，その先の道を一緒にたどりながら「全部読み終わりたいなあ」と心の底から願うように言ったRちゃんの思いをかなえようとする親としての強い愛情が感じられるからだ。

このように，「アッピア街道」に関する表現があることで，Rちゃん，「私」，紳士おじさんの人物像がイメージ豊かに伝わってくると私は考えた。

(3) 文章にまとめる学習進度は生徒によって様々であるので，時間内に書き終えた数名の生徒には代表として発表させ，教師がそのよい点について取り上げて全体で共有するようにする。最終的な提出までは1週間程度の期日を設け，既に授業時間内に書き上げていた生徒であっても，自分のペースで加筆修正して納得のいくものに仕上げてから提出してよいことにし，それぞれの学びを深められるようにした。

（蓑毛 晶）

A 話すこと・聞くこと

B 書くこと

C 読むこと

筆者の論理の展開の仕方を評価しよう 08

教　材　「作られた「物語」を超えて」（光村）

1　単元について

　本単元では，「文章の論理の展開の仕方などを捉えること」に加え，「その展開の仕方などが分かりやすく適切なものであるか，読み手の共感を得るために有効であるかなどを考えること」を身に付けられるよう指導する。本教材は，ゴリラのドラミングに対する誤解から人間が勝手につくり上げた「物語」を具体例に，人間社会にも同じような課題があり，それを解決するために広い視野で物事を考えることの重要性を説いた論説文である。筆者の問題意識とゴリラの事例を通して，抽象と具体の関係性について理解を深め，筆者の主張に至るまでの論理の展開を吟味することができる。こうしたことから，第1学年で身に付けた「文章の中心的な部分と付加的な部分，事実と意見との関係などについて叙述を基に捉え，要旨を把握する」力や，第2学年で身に付けた「文章全体と部分との関係に注意しながら，主張と例示との関係を捉える」力などを生かして，本教材における論理の展開の仕方を捉えるとともに，筆者の主張の述べ方について，自分の考えをまとめさせたい。

2　単元の目標・評価規準

⑴　具体と抽象など情報と情報との関係について理解を深めることができる。

〔知識及び技能〕⑵ア

⑵　文章の種類を踏まえて，論理の展開の仕方などを捉えることができる。

〔思考力，判断力，表現力等〕C⑴ア

⑶　文章の構成や論理の展開について評価することができる。

〔思考力，判断力，表現力等〕C⑴ウ

⑷　言葉がもつ価値を認識するとともに，読書を通して自己を向上させ，我が国の言語文化に関わり，思いや考えを伝え合おうとする。　　　　　　　「学びに向かう力，人間性等」

ICT の活用場面

［ツール・アプリ等］学習者用デジタル教科書（「マイ黒板」機能）
　　　　　　　　　ロイロノート・スクール（以下「ロイロノート」）

● 全時間共通　学習者用デジタル教科書とロイロノートを活用する。
● 第1時　　　筆者の意見に共感できる部分と反論がある部分を抜き出す。
● 第2時　　　【事前課題】「物語」の文脈上の意味を捉えるための手がかりを抜き出す。
● 第3時　　　【事前課題】筆者の論理の展開を図式化するための材料を抜き出す。
　　　　　　　筆者の論理の展開を図式化する。

知識・技能	思考・判断・表現	主体的に学習に取り組む態度
①具体と抽象など情報と情報との関係について理解を深めている。（(2)ア）	①「読むこと」において，文章の種類を踏まえて，論理の展開の仕方などを捉えている。（C(1)ア） ②「読むこと」において，文章の構成や論理の展開について評価している。（C(1)ウ）	①積極的に文章の構成や論理の展開について評価し，これまでの学習を生かして考えたことを文章にまとめようとしている。

3　単元の指導計画（全3時間）

時	主な学習活動 ★個別最適な学びの充実に関連する学習活動 ●協働的な学びの充実に関連する学習活動	・評価規準と評価方法
1	・単元の見通しをもち，「論理の展開を評価する」ことについて，教科書p.48「学習の窓」を確認して理解する。 ・第1学年や第2学年で学習した要旨の捉え方や主張と例示との関係の捉え方，第3学年で学習した具体と抽象の関係の捉え方を想起した上で，文章を通読し，内容を捉える。 ★筆者が述べていることの中から，共感できる部分と反論がある部分を考え，デジタル教科書の「マイ黒板」に抜き出す。 ●4名程度のグループで，「マイ黒板」に抜き出した内容について，その理由も添えて交流する。 ・「マイ黒板」をロイロノートで教師に提出し，次時までに取り組んでくる事前課題を知る。	

	★家庭学習等で，論理の展開を図式化するため，「マイ黒板」を使用して文章から必要な部分を抜き出す。	
2	・再度，第1学年や第2学年で学習した要旨の捉え方や主張と例示との関係の捉え方，第3学年で学習した具体と抽象の関係の捉え方を想起する。 ★本論を大きく二つに分け，ゴリラに関する具体的な事例を抽象化してまとめ，主張に至る論理の展開について，「マイ黒板」を使用して図式化する。 ●4名程度のグループで，自分が図式化した論理展開を「マイ黒板」を使用しながら説明し合って交流する。 ・「マイ黒板」をロイロノートで教師に提出し，次時までに取り組んでくる事前課題を知る。 ★家庭学習等で，文章の構成や論理の展開が分かりやすく適切なものであるか，読み手の共感を得るために有効であるかについて考える。	[知識・技能] ① ロイロノート・ワークシート ・ゴリラに関する具体的な事例とそれらを抽象化してまとめた考えの叙述を読み分け，それぞれの要点をまとめている。 [思考・判断・表現] ① ワークシート ・筆者の主張とゴリラに関する具体的な事例，それらを抽象化してまとめた考えとの関係に着目して，筆者の論理の展開の仕方を捉えている。
3	・前時の学習を踏まえ，筆者の主張に至る論理の展開の仕方を全体で確認する。 ★第1時に考えた，共感できる部分と反論がある部分を振り返りながら，文章の構成や論理の展開について評価し，ワークシートにまとめる。 ●4名程度のグループで，ワークシートを共有しながら筆者の論理の展開について評価した内容を説明し合って交流する。 ・単元の振り返りを記入する。	[思考・判断・表現] ② ワークシート ・文章の構成や論理の展開が分かりやすく適切なものであるか，読み手の共感を得るために有効であるかについて，叙述に即して判断し，その意味を考えている。 [主体的に学習に取り組む態度] ① ロイロノート・ワークシート ・単元の学習を通して，論理の展開の仕方を評価するために工夫したことや，評価した内容をまとめる上で試行錯誤したことについて振り返っている。

4　個別最適な学びと協働的な学びの充実に向けた指導のポイント

(1) 個別最適な学びを充実させる視点から

　本単元では，論説文を読み，筆者の主張に至る論理の展開を評価して文章にまとめる言語活動に取り組む。第1時では，論理の展開を評価するという単元の目標を確認した後，筆者が述べていることの中から共感できる部分と反論がある部分とを抜き出す活動を取り入れることにした。このことにより，生徒一人一人が自分なりに感じた疑問を生かしながら，筆者の論理の展開の仕方を捉え，その展開の仕方を評価することができるようになると考えた。また，第2時及び第3時に向けて，生徒一人一人が自分の得意とする学習の進め方や学習到達度等に応じて家庭学習等を活用して予習に取り組むことができるよう事前課題を提示することにした。

　第1時の終了時では，第2時に，筆者の主張に至る論理の展開を，「マイ黒板」を使用して文章から必要な部分を抜き出し，図式化するという学習内容を具体的に伝えた。その上で，ゴリラに関する具体的な事例とそれらを抽象化してまとめた考えの叙述を読み分け，それぞれの要点となる部分についてデジタル教科書を用いて抜き出すという事前課題を提示した。

　第2時の終了時では，第3時に，文章の構成や論理の展開が分かりやすく適切なものであるか，読み手の共感を得るために有効であるかについて，叙述に即して判断し，その意味を考えるという学習内容を具体的に伝えた。その上で，第1時に考えた，共感できる部分と反論がある部分を振り返り，文章の構成や論理の展開が分かりやすく適切なものであるか，読み手の共感を得るために有効であるかについて事前に考えてくるという課題を示した。

　なお，第1時で筆者が述べていることの中から，共感できる部分と反論がある部分を考え，デジタル教科書の「マイ黒板」に抜き出し，グループで，その理由も添えて交流する場面では，筆者の論理の展開を誤って捉えたまま共感したり，反論したりする生徒がいないかという点に注意して観察する。そのような生徒を確認した場合は，当該生徒がロイロノートで提出した「マイ黒板」に，助言するコメントを付して返却することで，第2時に向けた家庭学習に取り組む際に，筆者の主張に至る論理の展開について適切に捉えられるよう重点的に指導するようにした。

　このように支援が必要な生徒を確認することについては，第2時で筆者の論理の展開を図式化した「マイ黒板」を使用しながらグループで説明し合って交流する場面でも同様に行う。ここでも，ゴリラに関する具体的な事例を抽象化してまとめ，主張に至る論理の展開を誤って捉えてしまう生徒がいないかという点に注意して観察する。そして，そのような生徒に対しては，ロイロノートで提出させた「マイ黒板」に助言するコメントを付して返却することで，第3時に向けた家庭学習に取り組む際に，文章の構成や論理の展開について適切に評価できるよう重点的に指導するようにした。

　この際，「マイ黒板」が提出されてから内容を確認し始めてしまうと，どうしてもコメント

A 話すこと 聞くこと

B 書くこと

C 読むこと

を付して生徒へ返却するタイミングが遅くなってしまう。そこで，グループでの交流の場面で生徒の学習状況を捉え，どの生徒に重点的に指導するかを決めておくことで，当該生徒の「マイ黒板」を優先的に確認してコメントを付し，その生徒が家庭学習に取り組む前に返却することができるよう工夫した。

(2) 協働的な学びの充実に向けた視点から

　本単元では，第1時及び第3時に4名のグループで交流する活動を取り入れることにした。どちらも，デジタル教科書を活用して，本文を抜き出したりまとめたりしたものをもとに，自分の考えを説明し合う活動である。ここでは，単に他者と協働するだけでなく，生徒一人一人が集団の中で埋没してしまうことがないようにするとともに，それぞれのよい点や可能性を生かすことで，異なる考え方が組み合わさり，よりよい学びを生み出していくことができるようにしたい。

　第1時の交流においては，筆者の論理の展開を評価するという単元の目標を確認した後，文章を読んで，筆者が述べていることの中から抜き出した，共感できる部分と反論がある部分について，理由を添えて説明し合う。展開の分かりやすさや適切さ，共感のしやすさについての考え方は，生徒それぞれ異なるものであることが予想される。そのため，できる限り文章の叙述に基づき理由を添えて交流させたいが，反論がある部分についての他者の何気ない意見から，筆者の論理の展開について自分なりに課題と感じられる生徒が出てくることも考えられる。

　また，第2時の交流では，それぞれが家庭学習で事前にデジタル教科書から抜き出した部分をもとに，筆者の論理の展開を図式化した内容を説明する。協働的な学びにより，生徒の学びを深めるためには，交流の形態を工夫することも重要であるが，その前提として一人一人の生徒が自らの考えをしっかりともっていることが必要である。そこで，本単元ではデジタル教科書を使用することにした。デジタル教科書を使用することで，図式化する活動に比較的容易に取り組むことができるようになり，生徒にとっては抵抗なく学習を進められるからである。また，事前課題として一定の時間をかけて準備させることにより，生徒は自分のペースで学習することが可能となり，このような学習に対して苦手意識を抱いている生徒も前向きに取り組ませることができる。事前課題に取り組ませることは，第3時の交流に向けても行っており，協働的な学びを深めるために，このような工夫が有効であると実感している。

　さらに，どの交流活動でも，ロイロノートで提出した内容から，他者の意見を参考に修正して再提出することができるため，教師がそれぞれの生徒の考えの深まりを捉えやすくなる。加えて，時間があれば，数名の生徒のまとめた内容を，必要に応じてクラス全体で共有することも可能であり，生徒が孤立することなく，それぞれのアイデアを生かして考えを広げられるようにしたい。

5　授業の実際

●第1時

　冒頭で，単元の目標を確実に押さえておく必要がある。これまでの学習を通して，生徒は目標到達のために学習を進めていくことを理解している。単元の目標である「筆者の論理の展開の仕方を評価する」ことを，教科書p.48「学習の窓」を確認させながら伝えることで，その後の，共感できる部分と反論がある部分を抜き出す活動につなげていく。その際には，何のために抜き出すかを繰り返し伝達し，それでも反論がある部分として語句の意味などを挙げていた場合は，直接声をかけて考えさせるようにする。評価するといった活動の場合，文章の欠点や分かりにくい部分のみに着目して，それを探し出すための読みに陥らないようにする必要がある。そのため，反論がある部分だけでなく，共感できる部分についても，理由とあわせて考えさせるようにしたい。

　デジタル教科書の「マイ黒板」機能は，文章中に線を引くとそのまま該当箇所を抜き出すことができるため，生徒にとっては非常に使用しやすい機能である。数多く抜き出させるよりも，抜き出した理由を考えさせ，それをコメント機能で記入する作業とする。

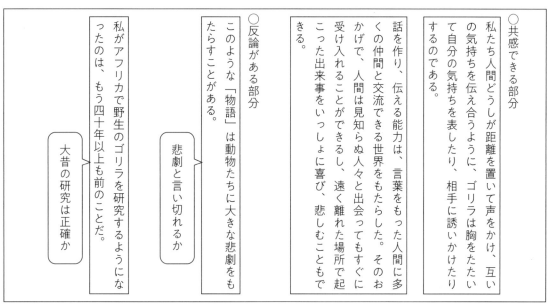

マイ黒板の記入例

　次時までに取り組んでくる事前課題は，ゴリラに関する具体的な事例とそれらを抽象化してまとめた考えの叙述を読み分け，それぞれの要点となる部分を，デジタル教科書を用いて抜き出すことである。次時では，筆者の主張に至る論理の展開を，「マイ黒板」を使用して文章から必要な部分を抜き出し，図式化することを予告しておくことで生徒が見通しをもって学習に取り組むことができるようにする。

●第2時

　本時の授業に入る前に課題として出してあった「マイ黒板」への抜き出しについて，その取り組み状況を教師が確認することができる。この段階で，事前課題への取り組みが十分でない生徒には取り組むよう促したり，生徒が抜き出した文章の叙述が論理の展開を図式化するための材料として十分かどうかを確認したりすることが重要である。生徒が抜き出した文章の叙述に必要のない部分が多い場合や，必要な箇所を適切に抜き出すことができていない場合は，当該生徒に直接声をかけたり，コメント機能で助言を伝えたりすることで重点的な指導を行う。

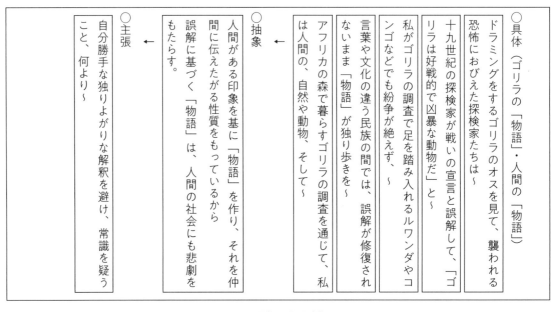

マイ黒板の記入例

　本時の冒頭では，教科書p.48「学習の窓」や，p.234「『学習の窓』一覧　説明的な文章を読むために」を活用しながら，第1学年や第2学年で学習した要旨の捉え方や主張と例示との関係の捉え方，第3学年で学習した具体と抽象の関係の捉え方を想起させるなどして，筆者の主張を全体で確認する。その上で，本論を大きく二つに分け，ゴリラに関する具体的な事例を抽象化してまとめ，主張に至る論理の展開について，「マイ黒板」を使用して図式化する学習に取り組む。ここでは，事前に支援が必要と判断した生徒の様子を重点的に確認するとともに，事前課題では適切な箇所を抜き出せているにもかかわらず，図式化をする段階でつまずいている生徒がいないかどうかに注意する。図式化をうまくできずに困っている場合には，これまで確認してきた「学習の窓」などを参考にするよう助言する。

　図式化した「マイ黒板」の内容は，自分で作成した段階と，グループでの交流後に修正した段階に分けて教師に提出させることで，生徒の考えの深まりを見ることができる。また，単元全体の振り返りをまとめる際に，生徒自身が試行錯誤した活動について記述させることで，それぞれが思考したことを教師が確認できるようになる。

第1時と同様に，本時でも次時までに取り組んでくる事前課題を出す。次時の学習で，文章の構成や論理の展開について評価するために，文章の構成や論理の展開が分かりやすく適切なものであるか，読み手の共感を得るために有効であるかについて考えてくることである。

●第3時

　本時は，単元の目標である，筆者の論理の展開の仕方を評価する時間である。ここでは，再度，「筆者の論理の展開の仕方を評価する」ことを，教科書p.48「学習の窓」を用いて確認させるとともに，第1時に自分で考えた，共感できる部分と反論がある部分を振り返りながら取り組ませる。特に，この「学習の窓」に示されている「展開のわかりやすさや適切さ，共感のしやすさなどを，根拠に基づき判断する」に留意させる。また，「複数の具体例から，共通する意味や性質，傾向を取り出す」という抽象化のポイントとして示されている「全体の意味や性質とするには，事例が不足していないか」「全ての事例に当てはまるか」という観点から本文の叙述を読み直しながら考えさせる。

　個人で考えた後，4名程度のグループで，ワークシートを共有しながら筆者の論理の展開について評価した内容を説明し合って交流した後，単元の振り返りを行うが，文章の構成や論理の展開についての評価を記入したワークシートの提出は，授業終了後一定の期間内であれば，いつ提出してもよいこととした。生徒によって考えを深める時間は一律ではないと考えたためである。

〈文章の構成や論理の展開について評価した文章の例〉

> 　ゴリラのドラミングを戦いの宣言と誤解して「ゴリラは好戦的で凶暴な動物だ」という「物語」が広がったことに関する具体例は，その「物語」が生み出された経緯の詳しい説明と，なぜ誤解なのかという説明が筆者の観察や研究に基づき具体的に述べられているので，とても分かりやすかった。そのため，ゴリラの視点に立つためには「その動物が暮らしている自然をよく知ることが必要になる」という筆者の考えにも共感できる。
> 　一方で，ルワンダやコンゴの紛争に関する具体例は5行程度で述べられているだけである。そのため，「どちらの側にいる人間も，その『物語』を真に受け，反対側に立って自分たちを眺めてみることをしない。」ということが，どのような状況を表しているのか分かりにくく，筆者の述べていることが正しいのか判断できなかった。それこそ，筆者の誤解による「物語」となっていないだろうかと不安になり，共感しにくかった。
> 　ゴリラのことだけでなく，文化や社会をテーマにして「何より自分を相手の立場に置き換えて考えてみる視点が重要である。」と主張するのであれば，ルワンダやコンゴの紛争など，文化や社会に関する具体的な事例を示す必要があるのではないだろうか。「実際には見ていないことを，あたかも体験したかのように」語り，「人の口から口へ，またたくうちに広がっていく。」というようなことは，最近のSNS上の誹謗中傷など，自分の知っている出来事に置き換えて読めば納得することはできるが，文章中に具体的な事例として示すことで，より説得力のある展開にすることができたのではないかと思った。

（加藤　則之）

論説を読んで自分の意見をもつ

09

教　材　「誰かの代わりに」（光村）

1　単元について

　本単元では，文章の内容をもとに，人間や社会について自分の意見を形成する力を養う。

　教材「誰かの代わりに」は，「何ができるか」で人の価値を測る現代社会の生きづらさを問題提起している。そして，その生きづらさに対する筆者の処方箋が，対比的な構造の中で，語源をたどる説明や格言の引用を経て述べられていく。中学校卒業を目前にした生徒が，人間としての生き方を考えるきっかけとするにふさわしい内容である。しかしながら，「自立」や「責任」といった概念の文脈上の意味や，筆者が格言の引用を通して伝えようとしている内容については，味わい深いがゆえに難解な印象を受けやすい。筆者の考えを読み深める段階を丁寧に指導した上で，自分の意見を形成する学習に進みたい。

　自分の意見を形成するための学習課題としては，次の内容を提示する。

> 「筆者のように，人と支え合う中に生きる意味を見いだす生き方」と「筆者とは異なり，自分が何を成し遂げられるかに生きる意味を見いだす生き方」，あなたはどちらを選びますか。その生き方を選ぶ理由も含めて，自分の意見をまとめなさい。

　どちらの立場を選ぶにせよ，「インディペンデンス」「インターディペンデンス」「リスポンシビリティ」といったキーワードを使うように指導し，自分の意見を形成することを通して，再度文章を読み味わうことができるような学習活動とする。

2　単元の目標・評価規準

(1)　理解したり表現したりするために必要な語句の量を増し，語感を磨き語彙を豊かにすることができる。　　　　　　　　　　　　　　　　　　　　　　〔知識及び技能〕(1)イ

(2)　文章を読んで考えを広げたり深めたりして，人間，社会，自然などについて，自分の意見をもつことができる。　　　　　　　　　　　　　　〔思考力，判断力，表現力等〕C(1)エ

ICT の活用場面

[ツール・アプリ等] 指導者用デジタル教科書　PowerPoint　Google Jamboard
- ●第1時　傍線を引いた箇所を共有する。(指導者用デジタル教科書)
- ●第2時　文章の内容を整理したスライドを提示する。(PowerPoint)
- ●第3時　文章の内容を整理したスライドを提示する。(PowerPoint)
　　　　　学習課題に対する意見を共有する。(Google Jamboard)

(3)　言葉がもつ価値を認識するとともに，読書を通して自己を向上させ，我が国の言語文化に関わり，思いや考えを伝え合おうとする。　　　　　　　　　「学びに向かう力，人間性等」

知識・技能	思考・判断・表現	主体的に学習に取り組む態度
①理解したり表現したりするために必要な語句の量を増し，語感を磨き語彙を豊かにしている。((1)イ)	①「読むこと」において，文章を読んで考えを広げたり深めたりして，人間や社会について，自分の意見をもっている。(C(1)エ)	①粘り強く文章を読み返し，学習課題に沿って，人間や社会について自分の意見をもとうとしている。

3　単元の指導計画 (全3時間)

時	主な学習活動 ★個別最適な学びの充実に関連する学習活動 ●協働的な学びの充実に関連する学習活動	・評価規準と評価方法
1	・単元の流れと，「難解な文章を繰り返し読み，人間や社会について自分の意見を形成する」という単元の目標を把握する。 ・「誰かの代わりに」を通読する。 ★「①文章の意味が分からないところ」や「②筆者の主張に反論があるところ」に傍線を引く。 ●傍線を引いた部分を少人数のグループ及び全体で共有する(指導者用デジタル教科書を活用)。 ・①〜⑧段落を中心に読み返し，筆者が現代社会をどのように捉えているかをワークシートにまとめる。 ★振り返りとして，「①傍線を引いた部分の不明点」あるいは「②筆者への反論」をワークシートに記入する。	[主体的に学習に取り組む態度] ① <u>ワークシート</u> ・人間や社会について自分の意見をもつために，粘り強く文章を読み返し，文章中の難解な箇所を理解しようとしている。

A　話すこと　聞くこと

B　書くこと

C　読むこと

2	・前時に書いた「振り返り」の代表例を共有しながら，学習内容を想起する。 ・「自立」と「責任」の一般的な意味（辞書的な意味）を確認する。 ・⑨〜⑬段落を中心に読み返し，「自立」と「責任」の文脈上の意味を読み取り，一般的な意味と対比する形でワークシートに整理する。 ●ペアになり，「自立」と「責任」の一般的な意味と文脈上の意味との違いについて説明し合う。 ★⑭〜⑲段落を中心に読み返し，「自立」と「責任」の文脈上の意味に注意しながら，筆者の考える「人間の弱さを知らない人たち」と「人間の弱さを知っている人たち」についての説明をワークシートにまとめる。 ★振り返りとして，「①不明点が解消されて読みが深まった内容」や，「②新たに生まれた反論」についてワークシートに記入する。	［知識・技能］① ワークシート ・「インディペンデンス」「インターディペンデンス」「リスポンシビリティ」等の外来語を適切に使いながら，「自立」と「責任」という漢語の一般的な意味と文脈上の意味とを区別し，「人間の弱さを知らない人たち」と「人間の弱さを知っている人たち」について説明している。 ［主体的に学習に取り組む態度］① ワークシート ・粘り強く文章を読み返し，人間や社会について自分の意見をもてるように，文章中の難解な箇所を理解しようとしている。
3	・前時に書いた「振り返り」の代表例を共有しながら，学習内容を想起する。 ・【「筆者のように，人と支え合う中に生きる意味を見いだす生き方」と「筆者とは異なり，自分が何を成し遂げられるかに生きる意味を見いだす生き方」，あなたはどちらを選びますか。】という学習課題に取り組む。 ●自分がその立場を選んだ理由を Jamboard に入力する。入力した内容について，少人数のグループで説明し合った後，全体で共有する。 ★共有で聞いた内容を踏まえつつ，学習課題に対する自分の意見をワークシートにまとめる。 ★振り返りとして，「①不明点が解消されて読みが深まった内容」や，「②新たに生まれた反論」についてワークシートに記入する。	［思考・判断・表現］① ワークシート ・「インディペンデンス」「インターディペンデンス」「リスポンシビリティ」などの語句を適切に用いながら，人間の生き方について自分の意見をまとめている。 ［主体的に学習に取り組む態度］① ワークシート ・粘り強く文章を読み返し，人間や社会について自分の意見をもてるように，文章中の難解な箇所を理解しようとしている。

4　個別最適な学びと協働的な学びの充実に向けた指導のポイント

　「誰かの代わりに」のように難解な文章を読む場合，深く読み込むことを諦めてしまったり，文章の内容を都合良く単純化してしまったりすることがある。しかし，粘り強く文章に向き合うことができれば，深く考えるべき論点や自己を揺さぶるような視点に巡り合うこともできる。本単元では，「個別最適な学び」と「協働的な学び」を両輪にすることで，難解な文章に向き合い，自分の意見を形成することができるように指導を工夫した。

(1) 個別最適な学びを充実させる視点から

　本単元では，〔思考力，判断力，表現力等〕C読むこと(1)エを重点的に指導する。この資質・能力を育成する上では，「構造と内容の把握」や「精査・解釈」の学習過程を通して理解したことや評価したことなどを結び付けて自分の考えを明確にもつことができるようにすることが大切である。そのため，第3時の課題に取り組むまでの過程で，生徒一人一人が自らの特性や学習進度，学習到達度等に応じて「構造と内容の把握」や「精査・解釈」の学習を適切に進められるようにしたいと考えた。そこで，第1時と第2時では，「①文章の意味が分からないところ」や「②筆者の主張に反論があるところ」に傍線を引かせ，振り返りの時間にその内容についてワークシートへ記入させる。①は，「難しい文章だ」という印象に留まるのではなく，どの部分が理解できていないかという各自の学習進度，学習到達度等を明確にするための活動である。②は，筆者の主張を絶対視するのではなく対象化して捉えることで，第3時の意見の形成に生かすための活動であるが，筆者の論理の展開の仕方を適切に捉えて解釈していないと的確な反論を書くことはできない。この①と②に関する生徒の記述から，「構造と内容の把握」や「精査・解釈」の学習過程における生徒一人一人の学習状況を把握し，支援が必要と判断した生徒に対しては，ワークシートに教師の助言を書き込んで返却することにより重点的な指導を行う。また，多くの生徒に共通するつまずきが見られる場合には，第2時や第3時の冒頭で，代表的な振り返りを取り上げて紹介し，どのような読み誤りがあり，どのように改善したらよいかについて，学級全体で考えさせるなどの指導を行った。

　また，〔知識及び技能〕(1)イの指導として，第2時では筆者の考える「人間の弱さを知らない人たち」と「人間の弱さを知っている人たち」について説明させる。「インディペンデンス」「インターディペンデンス」「リスポンシビリティ」という外来語と「自立」「責任」という漢語に関する筆者特有の使い方を適切に理解することが，文章の叙述に即して自分の考えを形成する際に重要となる。そこで，筆者の考える「人間の弱さを知らない人たち」と「人間の弱さを知っている人たち」について生徒が説明したワークシートの記述を，〔知識・技能〕①の「Bと判断する状況」に基づいて評価し，「Cと判断する状況」に該当する生徒に対しては，誤読を指摘したコメントと文章中の読み直すべき箇所を記入してワークシートを返却し，第3時

までに再度課題に取り組ませた。

　第3時では，〔思考力，判断力，表現力等〕C読むこと(1)エが示す資質・能力の育成を図るため，「「筆者のように，人と支え合う中に生きる意味を見いだす生き方」と「筆者とは異なり，自分が何を成し遂げられるかに生きる意味を見いだす生き方」，あなたはどちらを選びますか。」という学習課題について，その生き方を選ぶ理由も含めて，自分の意見をまとめさせる。このとき，第2時において［知識・技能］①の評価が「Cと判断する状況」に該当した生徒に対しては，語句の文脈上の意味を再度確認するよう重点的な指導を行った上で，自分の意見をまとめさせることで，本単元で目標とする資質・能力の確実な育成を図る。

(2) 協働的な学びの充実に向けた視点から

　第1時では，①「文章の意味が分からないところ」や②「筆者の主張に反論があるところ」に傍線を引かせた後，その内容についてグループ及び学級全体で共有する。①を共有することで，「難しい文章だと感じているのは自分だけではない！　疑問を抱えながら読んでいる人がたくさんいる！」という気付きが生まれ，難解な文章を粘り強く読み返すための動機付けとすることができる。②については，文章を理解した上で別の視点を提示する必要があるため，一読しただけで適切に反論を述べることは容易ではない。そのため，反論を述べようとしている生徒の考えを全体で共有し，その適切さについて検討することが重要である。筆者への反論については，第2時以降にも適宜授業の中で取り上げ，「協働的な学び」を通して生徒の考えを深めさせる学習活動とする。

　第2時では，［知識・技能］①の評価に関わる課題に取り組む準備段階として，ペアになり，「自立」と「責任」の一般的な意味と文脈上の意味との違いについて説明し合う活動を設定する。この活動では，自分が理解したことを他者に説明することで，自分の理解の不十分な点に気付いたり，自分と相手の理解の共通点や相違点に気が付いたりすることができる。このような協働的な学びによって，生徒一人一人が語句についての理解を深められるようにしたい。学級の実態によっては，ペアではなく4名程度のグループで説明し合う活動をするなど，学習形態を柔軟に工夫しながら，語句についての理解をより深められるようにする。

　第3時では，文章の叙述に即して「人と支え合う中に自分の存在意義を見いだす生き方」か「自身が何を成し遂げられるかに自分の存在意義を見いだす生き方」のどちらを選ぶかについて考える際に，Jamboardへの入力と共有の機会を設定した。互いの考えを共有する中で，自分とは異なる立場の考えに触れることで，意見が過度に単純化することを避けるとともに，文章中に表れている対比的な構造にも目を向けさせることができる。また，Jamboardの入力だけで共有を済ませると学習が孤立化してしまう恐れがあるので，入力内容については少人数グループで口頭による説明をさせる。一つのグループ内では意見が偏る可能性もあるので，注目すべき視点は全体で共有するとともに，他グループのJamboardも参照できるようにした。

5 授業の実際

●第1時

筆者は，封建制社会と対比しつつ，現代社会の「しんどさ」（生きづらさ）を問題提起している。抽象的な議論が続くので，授業者が具体例を補うようにした。中学校3年生の生徒には，進路選択での面接や自己PRをイメージさせると，「『何をしてきたか』『何ができるか』で人の価値を測る社会」を捉えやすいと感じた。

①文章の意味が分からないところ（生徒から挙げられた内容とその後の深まりの例）

> 結局「責任」は，負わされるものなのか，「リスポンシビリティ」というものなのかわからない。（第1時）
> →筆者が普通の意味と違う意味を込めて「責任」という言葉を使おうとしていることがわかった。（第2時）

> ⑧段落の「依存症に陥ってしまう」という部分で，依存はダメみたいに言っているのに，⑫段落ではお互いに依存するべきみたいに言っているのがよくわからない。（第1時）
> →「依存症」は，無条件に肯定してくれる誰かを求め，自分の存在意義をその特定の誰かに与えてもらおうとしている状態。一方「依存」は，「頼ること」という意味で使われていると考えられる。（「〜に頼る」は英語で "depend on 〜"）（第2時）

※この生徒の第1時の振り返りを第2時に全体で共有し，「依存症」と「依存」とを区別して考えさせた。

②筆者の主張に反論があるところ（生徒から挙げられた内容と個に応じた助言の例）

> 失敗したときに責任を問われないなら社会が成り立たなくなってしまうのではないか。（第1時）

※この生徒のワークシートに対して，「筆者は，個人が（自己）責任で生きる社会とは別の社会のあり方を提示しようとしています。それがどんな社会なのか，⑭段落以降を中心に読み返してみましょう」という助言をコメントとして入力して返却した。

> 「インターディペンデンス」と「リスポンシビリティ」を意識すると，一人一人が「支え合いのネットワーク（⑫段落）」の一部にされてしまう。せっかく自由な社会になったのに。（第1時）

※この生徒の振り返りは，第3時に「自分が何を成し遂げられるかに生きる意味を見いだす」立場から意見をまとめる場合に参考となる視点となりうるため，第2時に全体で共有し，

「この反論は『インディペンデンス（独立）』と関連付けられる」という助言を加えた。

●第2時

　筆者の考える「自立」「責任」はそれぞれ、一般的な意味との対比的な構造の下で説明されていることを踏まえ、授業の導入で、「『自立』と『責任』は、辞書にはどのような意味で載っていると思う？」と聞いておくと、文脈上の意味（筆者の考える意味）との違いを捉えやすくなった。

　また、「（自己）責任」という形で言葉を補うことで、リスポンシビリティとしての「責任」と一般的な意味での「責任」とを区別できるようにした。

　さらに、「インターディペンデンス（支え合い）」が「リスポンシビリティ」の感覚を前提とするように、「インディペンデンス（独立）」は「（自己）責任」の感覚を前提とするということも押さえておくとよい。

○「人間の弱さを知らない人たち」と「人間の弱さを知っている人たち」について生徒が説明した文章の例

> 「人間の弱さを知らない人たち」は、人は独りでは生きていけないことを忘れ、「自立」を「インディペンデンス」として捉えている。「人間の弱さを知っている人たち」は、「自立」を「インターディペンデンス」として捉え、「リスポンシビリティ」の感覚をもって、人と支え合うことができる。

> 「人間の弱さを知らない人たち」は、「自立」を「インディペンデンス」として捉え、負うべき苦労や困難を人任せにする。「弱さを知っている人たち」は、「自立」を「インターディペンデンス」として捉え、「リスポンシビリティ」の感覚のもと、支えられながら苦労に向きあったり、苦労する人を支えたりすることができる。

※これらの例のように適切に説明することができていない生徒には、「人間の弱さ」が「人は独りでは生きていけないこと」を表していることを理解できるように助言した。

●第3時

　「生きる意味」「自分の存在意義」「自分とは何か」といった視点をもとに、現代社会についての問題提起（⑧段落まで）と「自立」と「責任」についての議論（⑨段落以降）とを関連付けて理解することができようにしたい。

○ Jamboard による共有の例

あなたはどちらの生き方を選びますか。

〈人と支え合う中に生きる意味を見出す〉　　〈自分が何を成し遂げられるかに生きる意味を見出す〉

ずっと何かを成し遂げたり、生み出したりし続けるのは無理。

できないときもある。できない人もいる。

⑫段落の「いざ病気や事故や災害で……」みたいに、いつ困難を抱えるかわからない。

⑯段落に書いてある「『誰かの代わりに』が常に求められる」というのはしんどい。

支え合いの中にいるより、個人で自由に生きたい。

人のことの前に自分のことを考えて、自分に責任をもつ。

気付かないところで人に支えられていることがあるから、自分も支えたほうがいい。

自分が苦労していない裏で誰かが苦労しているかも。

（総合で勉強した途上国の話とか、低賃金の話とか）

成し遂げて、評価してもらうから生きるモチベーションになる。

（頑張って勉強して良い学校に合格、良い職業に就ける。）

「責任」を一人で負うから成長できるし、自分にしかできないことも見つかる。

○ どちらの生き方を選ぶか（生徒が記述した文章の例）

（「人と支え合う中に生きる意味を見いだす」という立場の生徒）
一人で成し遂げたと思っていても，気付かないところで誰かに支えられているかもしれない。他の人の支えで自分が成り立っているのなら，自分も他の人を支えるインターディペンデンスの中で生きたい。

（「自分が何を成し遂げられるかに生きる意味を見いだす」という立場の生徒）
たしかに，病気や事故などで独力では生きていけなくなることがいつかあるかもしれない。しかし，支え合いのネットワークの中に常にいるのは窮屈で不自由に思える。どうしても必要なとき以外は，他人に依存しない「インディペンデンス」の気持ちをもち，個人として自由に生きていきたい。

※これらの例は，適切に考えを述べることができているが，適切に考えを述べることが難しい場合は，「インディペンデンス」「インターディペンデンス」「リスポンシビリティ」などの語句の意味を再確認するように助言した。また，必要に応じて，Jamboard上で，関連付けられる付箋を提示しながら助言した。

（中澤　翼）

文章の論理の展開等を評価しながら読み，人間と自然との関わりについて考える

10

教　材　「絶滅の意味」（東書）
関連教材：「作られた「物語」を超えて」（光村）
　　　　　「async──同期しないこと／問いかける言葉」（教出）
　　　　　「間の文化」（三省）

1　単元について

　「読むこと」の学習において，生徒たちは1年生のときに「段落の役割や，段落どうしの関係に着目しながら内容を読み取る力」を身に付け，2年生のときには「文章と図表を結び付けて理解する力」などの力を身に付けてきている。本単元では，文章の構成や論理の展開，表現の仕方について評価しながら読み，人間と自然との関わりについて考え，自分の意見をもつことをねらいとする。本教材は，生物の絶滅の問題について，筆者の考えが述べられた文章である。教科書のために書き下ろされたものであるため，図表を用いて説明したり，接続する語句を適切に用いたりしてあり，生徒たちが論の展開を捉えやすい構成となっている。授業では，生徒たちが自分の学習段階に応じて，文章の構成を自由に図示する場面や，自分の使いやすいICTツールを用いてフリップ作成をする場面などを設け，自分に合った学習の進め方を工夫できるようにした。その際，必要に応じてヒントとなるスライドを取り出せるようにしておくことによって，生徒が自分の学習到達度等に合わせて学習を深められるような工夫も図った。また，Googleスライドを用いて，読み取った内容や考えたことを共有することで「協働的な学習」の場面を設定し，自分とは異なる考えに触れ，学びを深められるようにした。

2　単元の目標・評価規準

(1)　理解したり表現したりするために必要な語句の量を増し，文章の中で使うことを通して，語感を磨き語彙を豊かにすることができる。　　　　　　　　　　〔知識及び技能〕(1)イ

(2)　文章の構成や論理の展開，表現の仕方について評価することができる。
　　　　　　　　　　　　　　　　　　　　　　〔思考力，判断力，表現力等〕C(1)ウ

(3)　文章を読んで考えを広げたり深めたりして，人間，社会，自然などについて，自分の意見をもつことができる。　　　　　　　　　　　　　　〔思考力，判断力，表現力等〕C(1)エ

(4)　言葉がもつ価値を認識するとともに，読書を通して自己を向上させ，我が国の言語文化に関わり，思いや考えを伝え合おうとする。　　　　　　　　　　「学びに向かう力，人間性等」

ICT の活用場面

[ツール・アプリ等] 検索ブラウザ　Google スライド　Google Jamboard　Google ドキュメント

- ●第 1 時　語句の意味や用法について調べる。（検索ブラウザ）
- ●第 2 時　各段落の内容を簡潔に表し，段落と段落の関係を図示する。（Google スライド，Jamboard）
- ●第 3 時　筆者の説明のうまさを感じる部分を 1 枚のスライドにまとめ，レビューする。
（Google スライド）
- ●第 4 時　書いた文章を写真に撮り，互いに読み合い交流をする。（Google ドキュメント）

知識・技能	思考・判断・表現	主体的に学習に取り組む態度
①理解したり表現したりするために必要な語句の量を増し，文章の中で使うことを通して，語感を磨き語彙を豊かにしている。((1)イ)	①「読むこと」において，文章の構成や論理の展開，表現の仕方について評価している。（C(1)ウ）②「読むこと」において，文章を読んで考えを広げたり深めたりして，人間，社会，自然などについて，自分の意見をもっている。（C(1)エ）	①粘り強く論理の展開や表現の仕方について評価し，学習課題に沿って自分の考えを文章にまとめようとしている。

3　単元の指導計画（全 4 時間）

時	主な学習活動　★個別最適な学びの充実に関連する学習活動　●協働的な学びの充実に関連する学習活動	・評価規準と評価方法
1	・学習のねらいを確認し，見通しをもつ。★文章を読み，「問題提起」「筆者の主張とその根拠」「筆者とは異なる主張」の三つのまとまりに分け，ワークシートに記入する。★分からない語句の意味を予測してメモした上で，辞書や検索ブラウザで意味や用法を確かめ，文脈上の意味を具体的に考えてワークシートに記述する。	[知識・技能] ①ワークシート・「危惧」「乱獲」「恩恵」「緩和」「制御」「香木」「珍重」「出自」「不可逆」等の漢語に着目し，自分が分からない言葉の意味を予測した上で，辞書等により意味を確認し，文脈に即して理解している。

2	・各段落の内容と文章の構成を捉える。 ★第二のまとまりから，筆者の主張とその根拠がまとめられている段落を探す。 ★第三のまとまりの内容を簡潔に表し，段落と段落の関係や役割を図示する。図示は紙に書いたものを写真に撮って，Google スライドに載せるか，Google スライドに直接入力して作成する。 ●図示した Google スライドを全体で共有し，本文の内容や段落の関係を適切に捉えられているか，説明が必要な場合は教師が口頭で補足しながら確認する。必要に応じて自分のスライドを修正する。	[主体的に学習に取り組む態度] ① ワークシート・観察 ・論理の展開や表現の仕方について評価するために，文章を読み返しながら，各段落の内容と文章の構成を図示しようとしている。
3	★筆者の説得力を高めるための工夫が読み取れる部分を 1 枚のスライドにまとめ，レビューする。ニュース番組のフリップを作成するようなイメージで，筆者の工夫を一言で表し，まとめる。 ●グループの中で互いにスライドを見合いながら，口頭で質問したり，詳しく説明をしたりする。 ★筆者の論の展開の仕方について評価する。筆者の論の進め方の良い点や改善点など，気付いたことをワークシートに書く。	[思考・判断・表現] ① ワークシート（Google スライド） ・筆者の「説得力を高めるための工夫」が読み取れる部分を選び，それに対する自分の評価を根拠とともに述べている。
4	★「筆者の主張に対する自分の考え」を 400 字程度でワークシートに書く。 （タイピングに慣れている生徒は Google ドキュメントに直接入力してもよいと伝える。必ず「これから自分は自然とどう関わるか」という視点をもって書くことを指示する。） ●書いたものを読み合う。ワークシートに記入した文章を写真に撮って共有することで，より多くの生徒の考えに触れられるようにする。 ★他の生徒の考えを参考にして，自分の書いた文章を加筆修正して提出する。	[思考・判断・表現] ② ワークシート ・「これから自分は自然とどう関わるか」という視点から，筆者の主張に対する自分の考えを書いている。 [主体的に学習に取り組む態度] ① ワークシート ・他の意見に積極的に触れ，学習課題に沿って自分の考えを広げたり深めたりして考えをまとめようとしている。

4　個別最適な学びと協働的な学びの充実に向けた指導のポイント

(1) 個別最適な学びを充実させる視点から

　本単元では，各時間において次のような工夫をすることとした。

　本教材では，「危惧」や「群集性」「不可逆的」など，生徒にあまり馴染みのない漢語や学術的な言葉が多く使われている。第1時では，語句の意味や用法を調べる際に，自分が気になった言葉を，自分の好きな方法で調べさせる時間を設ける。あまり馴染みのない言葉であるからこそ，紙の辞書のみを強制するのではなく，自分の関心に応じてインターネットで検索してみるなど，学習の進め方を様々に試行錯誤する機会となる。各自が自分に合った学習方法により，生きた語句の用法に触れることで，文脈上の意味を具体的に理解し，語感を磨き，語彙を豊かにできるようにする。

　第2時では，各段落や各まとまりの内容を簡潔に表し，段落と段落の関係を図示する活動を行う。図示することのメリットは，生徒が自分の得意とする認知スタイルを生かして文章の内容や骨組みを捉えられる点である。全員一律に同じ枠の中に穴埋めをしていくような方式では，一人一人の特性や学習到達度等に応じた学びの深まりを実現することは難しい。そこで，これまでの学習を生かして文章の内容を捉えることができる生徒には，ほぼ白紙に近いワークシートを準備して，自由なレイアウトで図示させる。補助が必要な生徒には，キーワードやヒントとなる視点を示したスライドをオンラインで配付するなどして，生徒自身が自分に適した学習の進め方を工夫できるようにする。また，図示するためのツールも Google スライドにこだわらず，PowerPoint や Canva を使いたい生徒はそれぞれのツールを，付箋を使用したい生徒は Jamboard を使わせるとともに，紙に手書きしたい生徒は紙に書かせ，それを端末の撮影機能を用いて写真に撮るなど各自が自分の得意とする方法で図示したものを，最終的に Google Classroom に保存し，全員の作品を共有する。

　第3時では，筆者の説得力を高めるための工夫が読み取れる部分を1枚のスライドにまとめ，レビューをする。ニュース番組のフリップを作成するようなイメージで，筆者の論の展開の工夫を一言で表し，その内容を簡潔に1枚のスライドにまとめていく。ここでもスライド作成の際に使う書式やツールにはこだわらず，生徒が最も表現しやすい方法で作成させていく。説得力を高める工夫としては，例えば「根拠として具体例を示している点」や「接続する語句が適切に用いられている点」が挙げられる。この活動のポイントは，「筆者の説明の工夫が読み取れる箇所を自由に選べる」という点である。第1学年からの説明的文章の学習を想起させ，既習事項を使ってレビューをさせていく。筆者の説明の工夫を読み取ることが難しい場合は，段階的に既習事項を確認するヒントカード（スライド）を準備し，オンライン上で生徒自身が必要な情報を自由に取り出せるようにしておくことで，どの生徒も，文章の構成や論理の展開，表現の仕方について評価することができるようにしたい。

第4時では，「筆者の主張に対する自分の考え」を400字程度で書く。ここでは，「これから自分は自然とどう関わるか」という視点をもって書くことを指示するが，文章の書き方は細かく指定しない。生徒が柔軟に自分なりの課題を見いだせるようにし，筆者が発しているメッセージを踏まえながら「自然と人間との関わり」についての考えを深めさせていくためである。どう書き始めたらよいか分からず困っている様子の生徒には声をかけて，筆者の主張に対して「賛成か反対か」という視点を与えるなど，重点的な指導を行う。まず，筆者の主張に対する自分の立場を明確にすることで，意見を述べやすくするとよい。

(2) 協働的な学びの充実に向けた視点から

本単元では，以下の三つの場面で協働的な学習を取り入れることとした。

①第2時において，各段落の内容や構成について図示したGoogleスライドを全体で共有する。ここでは，他者の作成したスライドと自分のスライドを比較したり，参考にしたりしながら，本文の内容や段落の関係を適切に捉えられているかを確認することが目的である。コメント機能を使って交流をすることも可能ではあるが，口頭で詳しく説明を補足させることで，それぞれの考えの細かな違いにも気付くことができ，そこからさらに学びを深めることができる。進め方としては，まずは教師が全体で1枚のスライドを取り上げて画面共有し，全員で同じスライドを見ながら，気付いたことや質問などを生徒に挙げさせることで，口頭でのやり取りを活性化させていく。数名のスライドを取り上げることで，生徒に自分が気付いていなかった点に気付かせる。他者から学んだことや気付いたことをもとに，必要に応じて自分のスライドを修正させていく時間を授業の後半に設ける。

②第3時においても，互いにスライドを見合いながら，口頭で質問をしたり，詳しく説明をしたりする場面を設けている。ここでの交流は，生徒たちが他の視点に触れ，評価の視点を増やすことが目的である。まずは，グループの中で質問をしたり，補足説明を聞いたりする時間を設ける。他者に詳しく説明することによって，自分の考えもより明確になっていくため，後に筆者の論理の展開について評価する際の役に立つ。

③第4時では，「筆者の主張に対する自分の考え」について，書いた文章を読み合う。ここでの目的は，他者の文章を読むことで多様な考え方や感じ方に触れ，自己の考えを変容させることである。そのことにより「深い学び」につなげる学習活動を展開する。方法としては，ワークシートに記入した文章を写真に撮ってGoogle Classroomで共有することで，より多くの生徒の考えに触れられるようにする。ここでは，コメントをつけることはせずに，読むことに集中させる。自分の端末内で他者の文章とじっくりと向き合わせるための，静かな時間を設けることが理想的である。

5　授業の実際

●第1時

　導入で「絶滅」と聞いて思い浮かぶことや,「生物の絶滅」について知っていることを挙げさせる。理科の「自然界のつり合い」の単元と学習時期を合わせて,関連付けながら授業をするとよい。通読して文章を三つのまとまりに分ける際には,次の三つのまとまりに分けさせる。

　1　「問題提起」……①〜⑩段落
　2　「筆者の主張とその課題」……⑪〜⑳段落
　3　「筆者とは異なる主張」……㉑〜㉗段落

　語句の意味調べをする際には,紙の辞書だけでなく,インターネットで検索をさせることによって,実際の用法や用例などにも触れさせ,文脈上の意味について具体的に理解したことをワークシートに書き留めさせる。

●第2時

　第二のまとまりから,筆者の主張とその根拠がまとめられている段落を探す際には,各段落の文頭にある接続する語句にマーカーなどで印をつけさせ着目させる。例えば,⑳段落の接続する語句「このように」に着目することで,その後が主張であり,その前が根拠だと分かる。

　以下のように,主張と根拠の関係をスライドで図示しながら,第二のまとまりを読み取らせていく。生徒の学習到達度等に応じて,最初は段落番号の部分は空欄にしておき,「恩恵の詳しい説明」「生態系とは」「生態系の恩恵によって生きていける」などの要約をヒントに示してから,それらがどこの段落に書いてあるかを考えさせていくとよい。ここは,次の活動をスムーズに行うためのウォーミングアップのような位置付けの活動であるため,生徒の理解の状況に応じて適切なヒントを示しながら,テンポよく進めていきたいところである。

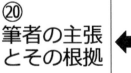

⑳ 筆者の主張 とその根拠	←	⑯〜⑲ 筆者の主張の根拠に ついての詳しい説明	←	⑫〜⑭ 筆者の主張 の根拠
〈主張〉 絶滅の問題を見過ごしては ならない。 〈根拠〉 生態系は人間にも恩恵をも たらすため。		・恩恵の詳しい説明 「第一に・・・」 「第二に・・・」		・生態系とは ・生態系の恩恵によって 　生きていける

第二のまとまりの主張と根拠を捉えたら，第三のまとまりの各段落の内容を簡潔に表し，段落と段落の関係や役割を図示する。ここでは，特に㉑段落の「これに対して」に着目させ，これまでに筆者が述べてきた主張とは異なる立場の主張（反論）が述べられていることを捉えさせる。また，これに対して，㉒段落では「だが実際には」と，筆者が反論をしていることも押さえておく。スライドを作成する際には，次の三つのポイントを意識して作成させる。

---

①筆者とは「異なる立場の主張」を記すこと

②筆者の反論がどの段落に書かれているか明記すること

③それぞれのまとまりの内容を簡潔に書くこと

〈生徒の作成したスライドの例〉（Jamboard を使用）

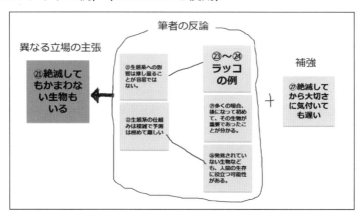

　図示したスライドは全体で共有し，必要に応じてコメントをし合うなどして，本文の内容や段落の関係を適切に捉えられているか確認をしていく。他の人が作成したスライドを参考にしながら，自分のスライドに補足したり，修正したりする時間を設けることが学びを深めるためには重要である。

●第3時

　前時までにまとめたスライドを見ながら，筆者の「説得力を高めるための工夫」が読み取れる部分を選び，1枚のスライドにまとめてレビューをする。「説得力を高めるための工夫」の観点としては，以下のようなものが挙げられる。

・根拠として具体例が示されている点　　　・図表を用いて説明している点

・あえて異なる立場の主張について述べている点　　・接続する語句が適切に使われている点

　　　　　　　　　　　　　　　　　　　　　　　　　　　　　　　　　　　など

スライドには，工夫が読み取れる箇所を具体的に載せるように指示する。

　筆者の「説得力を高めるための工夫」が読み取れる部分を選び，それに対する自分の評価を根拠とともに述べている状況を「Bと判断する状況」として評価する。「Cと判断する状況への手立て」として，次のようなヒントとなるスライドを準備しておき，必要に応じて生徒自身が，オンライン上でヒントを閲覧できるようにしておく。

ヒント①

〇１年生の時に学んだことから……

・段落同士の関係や役割は？

・構成はどうなっているかな？

ヒント②

〇２年生の時に学んだことから……

・図表と文章の結び付きは？

・言葉の表現の工夫はどうかな？

〈生徒が作成したスライドの例〉

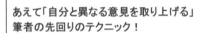
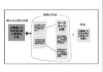
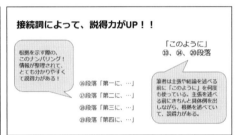

あえて「自分と異なる意見を取り上げる」
筆者の先回りのテクニック！

接続詞によって、説得力がUP！！

　完成したスライドは，グループの中で互いに見せ合い，口頭で質問をしたり詳しく説明をしたりする。その後，文章の構成や論理の展開，表現の仕方についてワークシートに自分の意見を書いて評価をする。

●第４時

　「筆者の主張に対する自分の考え」を400字程度でワークシートに書く。タイピングに慣れている生徒は直接 Google ドキュメントに入力してもよい。もし，生徒から「自分の考えの根拠となる事実を，インターネット検索で調べたい」という申し出があれば，検索をさせることも一つの手段である。ただし，必ず「これから自分は自然とどう関わるか」という視点をもって書くことを指示する。最終的に書いた文章を共有し，互いの考えに触れる中で，自分の考えをさらに深めていくことが目的である。

〈書き出しの例〉

筆者は「生物の絶滅の問題を，人間に影響のないものを安易に考えて見過ごしてはならない」と主張している。私はこの主張に賛成である。地球温暖化などの環境問題も，これまでの人間の勝手な行動によって引き起こされたとも言われている。とすると，逆のことも…後略…

（前川　智美）

A
話すこと・聞くこと

B
書くこと

C
読むこと

メディア・リテラシーについて考えよう 11

教材　「メディア・リテラシーはなぜ必要か？」（教出）

1　単元について

　本単元は，「メディア・リテラシーはなぜ必要か？」という教材を読んで，メディア・リテラシーについて考えた上で，国際図書館連盟（IFLA）が公表した「フェイクニュースの見極め方」を参考に，インターネット上にある多様な情報を実際に確認する。その経験を踏まえ，「メディア・リテラシーはなぜ必要か」という問いについて考えることを通して，「文章を読んで考えを広げたり深めたりして，人間，社会などについて，自分の意見をもつ」力を育成することを目指す。生徒は教材文を読むことにより，テレビやラジオ，新聞，インターネットなどのメディアが発信する情報に対して，それを「事実」として受け取るのではなく，各メディアによる「解釈」として受け取る必要があるということを学ぶ。そこで，自分が興味のあることや人物などに関するインターネット上の情報を確認し，「表現上，言い過ぎている点はないか」「発信者によって解釈されたものが，あたかも事実かのように述べられていることはないか」などといった点について検討していくことで，「なぜ，メディア・リテラシーが必要なのか」ということについて自分の意見をもつことができるようにする。

2　単元の目標・評価規準

(1)　理解したり表現したりするために必要な語句の量を増し，和語，漢語，外来語などを使い分けることを通して，語感を磨き語彙を豊かにすることができる。　〔知識及び技能〕(1)イ

(2)　文章を読んで考えを広げたり深めたりして，人間，社会などについて，自分の意見をもつことができる。　〔思考力，判断力，表現力等〕C(1)エ

(3)　言葉がもつ価値を認識するとともに，読書を通して自己を向上させ，我が国の言語文化に関わり，思いや考えを伝え合おうとする。　「学びに向かう力，人間性等」

ICT の活用場面

[ツール・アプリ等] ロイロノート・スクール（以下「ロイロノート」）

● 第1時　「メディア・リテラシーはなぜ必要か」という問いに対して，考えをグループ，クラスで共有する。

● 第2時　自分が調べたインターネット上の情報と，それをお互いに読み合って気が付いたことや考えたことについて，グループ，クラスで共有する。

知識・技能	思考・判断・表現	主体的に学習に取り組む態度
①理解したり表現したりするために必要な語句の量を増し，和語，漢語，外来語などを使い分けることを通して，語感を磨き語彙を豊かにしている。（(1)イ）	①「読むこと」において，文章を読んで考えを広げたり深めたりして，人間，社会などについて，自分の意見をもっている。（C(1)エ）	①進んで文章を読んで考えを広げたり深めたりして，学習課題に沿って考えたことを文章にまとめようとしている。

3　単元の指導計画（全2時間）

時	主な学習活動 ★個別最適な学びの充実に関連する学習活動 ●協働的な学びの充実に関連する学習活動	・評価規準と評価方法
1	・単元の流れを確認する。 ●「メディア・リテラシーはなぜ必要か？」を読み，4人程度のグループで「ドキュメンタリー」「チェック」「メディア」「リテラシー」「メカニズム」「マスメディア」「ファシズム」「プロパガンダ」「ライブ」など，多用されている外来語の意味や用例について辞書やインターネットで確認し，文脈に即して和語と漢語に置き換えて具体的に説明し合い，ワークシートに理解したことを書き留める。 ★筆者の主張を踏まえながら，メディア・リテラシーとはどのようなものか，なぜ必要なのかについて現時点での考えをもつ。 ★次の授業は2週間後に行うため，それまでの家庭学習等で取り組む課題について見通しをもつ。（自分の好きなものや人物，興味のある出来事などについて，インターネット	[知識・技能]① <u>ワークシート</u> ・外来語に着目し，自分が分からない言葉の意味や用例を辞書等により意味確認し，文脈に即して理解している。

	上にはどのような情報として示されているか自分の1人1台端末で検索し，その情報が「事実」なのか，「事実」だけでなく「解釈」が含まれているものなのかについて考える。）	
2	〈第1時から2週間程度たってから実施〉 • 国際図書館連盟（IFLA）の「フェイクニュースの見極め方」について確認する。 ●家庭学習等で自分が調べたインターネット上の情報について「フェイクニュースの見極め方」を参考に，改めて読み直し，情報の発信者としてよい点や課題について考え，気が付いたこと，感じたことをグループ内で共有する。（他の生徒が選んだ情報に対しても，自分なりの視点で情報の確かさについて考えを述べ合う。） ●ロイロノートを用いて，それぞれのグループで話し合った内容，気付いたこと等を共有する。 ★第1時で自分が書いた「メディア・リテラシーが必要な理由」について，自身で加筆修正をする。 • 単元の学習を振り返る。	［思考・判断・表現］① ワークシート • 筆者の主張を踏まえ，メディア・リテラシーとはどのようなものか，なぜ必要なのかについて，実際にインターネット上の情報を調べて分かったことを取り上げながら，自分の考えを広げたり深めたりしている。 ［主体的に学習に取り組む態度］① ワークシート • 文章を読んでメディア・リテラシーについて考えを広げたり深めたりするために工夫したことや，考えをまとめるために試行錯誤したことを振り返っている。

4　個別最適な学びと協働的な学びの充実に向けた指導のポイント

(1) 個別最適な学びを充実させる視点から

　本単元では，教材文を読んで理解したことをもとに，生徒が「メディア・リテラシーはなぜ必要か」について，自分の立場で捉え，考えることを通して，「文章を読んで考えを広げたり深めたりして，人間，社会などについて，自分の意見をもつ」力を身に付けられるようにする。そのためには，教材文で述べられている内容と，実際にメディアを用いて情報の真偽について考えた経験等とを結び付けて理解した上で自分の考えを明確にもち，文章に表れているものの見方や考え方と比べたり，他の生徒の考えと比べたりすることによって，自分の考えを広げたり深めたりすることが必要である。

　そこで，単に教材文を読んでその内容を解釈するだけでなく，実際にメディアを用いて情報の真偽について考えた経験と結び付けて理解できるようにするために，自分自身の興味・関心等に応じて自由にインターネットで検索し，そこで得た情報についてその確かさを吟味させることにした。その際の視点として本文の内容に加え，国際図書館連盟が公表した「フェイクニュースの見極め方」を用いることで，その情報の真偽について考えるだけでなく，発信者としての必要な配慮や工夫についても考えられるようにする。なお，扱うメディアは，インターネットに限定せず，本や雑誌，新聞記事でもよいこととした。

　実際に生徒が情報を収集して吟味する学習活動は，第1時と第2時の間の家庭学習等を活用して行わせることとし，その期間を2週間程度取ることにした。このことにより，生徒一人一人が自分の興味・関心や得意とする情報収集の方法，学習進度等に応じて学習時間を柔軟に設定することができるようにした。ただし，中学3年生ともなると，放課後の時間はそれぞれの都合で様々な予定が入っているものである。そこで，学習の見通しをもたせるために，いつ，どのような媒体を用いて，どのような人物や出来事などについて調べるかということを第1時の終了時に計画させた。

　収集した情報は，ロイロノートのカードに画像データとして貼り付けて適宜提出させることで，それぞれの生徒の進捗状況を確認することができる。家庭学習等をうまく進められずに困っている生徒に対する支援として，第2時までに行っている別の単元の授業の冒頭の5分程度の時間を使って，うまく情報を収集している生徒のカードを共有して学習の進め方のイメージをもつことができるようにしたり，個別に声をかけたりして，重点的に指導する。

　また，本単元では，「文章を読んで考えを広げたり深めたり」することを指導するので，教材文の内容を踏まえて生徒が意見をもつことができるようにする必要がある。そこで，第1時に筆者の主張を確認した後，「あなたは，メディア・リテラシーはなぜ必要だと思いますか。」という問いに対する自分の考えをまとめさせ，ロイロノートで提出させる。教師は，この記述内容を確認し，筆者の主張の理解が不十分だと考えられる生徒に対しては，個別にコメントを

付して返却し，家庭学習等を活用して教材文を読み直し，適切に理解できるよう重点的に指導する。

(2) 協働的な学びの充実に向けた視点から

　それぞれの興味・関心をもとに個々で情報を集め，それぞれの見方でその情報の確かさについて吟味する活動を行う一方で，共通の視点である教材文の内容と補助資料「フェイクニュースの見極め方」を生かしながら，互いに気が付いたことや感想を共有することで，自分一人では得られなかった新しい気付きにつながったり，「メディア・リテラシー」とはどういうものなのかについて多様な意見に触れ，より深く考えることにつながったりすることが期待される。また，自分が選んだ情報に対して，他者から見たときにそれが情報の確かさという観点からどのような評価につながるのかを知ることで，「メディア・リテラシーはなぜ必要か」についての考えをより広げ，深めることができるはずである。

　具体的な共有の方法としては，ロイロノートを用いる。それぞれの気付いたことや考えたことを入力したカードを提出させることで，全体に共有し，交流することができる。その際には次のような手順で進める。

---

　①まず個人の取組として，気付いたことや考えたことをまとめ，黒字で記入し提出する。
　②グループの中で，互いが提出したカードを見合いながら，自分の考えを述べたり，相手に質問したりする。
　③グループ内で交わされたやり取りをもとに，自分のカードに気付いたことを追加したり，考えが変化した部分を修正したりする。その際には，後から見て分かるように，赤字で追記する。
　④クラス全体で，カードを見合い，共感できたものや疑問に感じたものに対して，メッセージを直接送り合う。
　⑤最終的な自分の考えをワークシートにまとめる。

　このような手順で進めることにより，互いの考えを知るだけでなく，自分の考えがどのように変容していったのか，「協働的な学び」の過程そのものを振り返ることができる。また，①の段階で自分の気付いたことや考えたことを書くことが難しい生徒にとっても，②の活動を通して，自分の中にある漠然とした考えを言語化する機会を得ることができる。一方，①の段階で明確な考えをもつことができている生徒に対しては，「自分の考えをうまく表現できない生徒の考えを引き出す活動をすること」を課題として示すことで，それぞれの生徒が対話を通して，互いの学びを深められるようにしたい。

5 授業の実際

●第1時

「メディア・リテラシーはなぜ必要か？」～メディア・リテラシーについて考えよう～

①文章で用いられている外来語の意味を文脈に即して具体的に考え，書き留めよう。

（例）○ドキュメンタリー…

②筆者が最も伝えたいことが書かれている段落について考えよう。

最も伝えたいことが書かれている段落は＿＿＿＿＿段落

筆者が，「メディア・リテラシーが必要だ」と考えている理由をまとめよう。

③あなたは，メディア・リテラシーはなぜ必要だと思いますか。（ロイロノートで提出）

【第1時】

【第2時】

◆家庭学習等で取り組む課題（　　月　　日まで）

○自分の好きなものや人物，興味のある出来事などの情報について，タブレットで調べよう。

（スクリーンショットをとりましょう。）

＊本や雑誌，新聞の記事から探してもよい。（必要な箇所を写真撮影しましょう。）

○スクリーンショットの画像をカードに貼り付けましょう。できる人は，それぞれの情報は

「A事実のみ書かれている」のか，「B書き手の解釈（考え）」が含まれているのかを考えて，

気が付いたことをメモしておきましょう。（ロイロノートで提出）

授業で使用するワークシートの一部

　自分の考えを形成することが本単元の活動の中心となるので，文章の内容把握については，詳細な解釈を行うのではなく，これまでの説明的文章の学習を想起させながら文章の構造と内容を大まかに把握し，筆者の主張を適切に捉えることを目的に進めていく。

その上で、「メディア・リテラシーの必要性」について考えさせる。ただし、同じ発問を単元末ですることを予告し、これからの活動を通して、考えを広げたり深めたりしていけばよいので、現時点では自分の考えを明確にもてなくても構わないことを確認しておく。ここで考えを明確にもつことが難しい生徒には、筆者の考えに共感できるかどうか、賛成かどうかということについて、本文の叙述を取り上げて簡単に考えさせておくことで、第2時の学習活動で自分の考えを広げ深められるようにしたい。

　家庭学習等で取り組む課題については、本文の内容に書かれている「事実」と「解釈」について確かめるための材料として、自分の好きなものや人物、興味のある出来事などの情報を収集するという学習の目的を丁寧に理解させる。このときには、別々の情報を集めるのではなく、一つの出来事や情報に対して、できるだけ多角的な視点から書かれた複数の情報を収集するように伝えておくことで、「事実と解釈」や「情報の確かさ」について考える際に比較する材料を収集することができるようにしたい。なお、インターネットで自由に情報収集することが難しい生徒や、調べる題材が決められない生徒のために、事前に学校司書等と連携して複数の新聞を準備し、各教室に置いておく。

●第2時

　右図（国際図書館連盟「フェイクニュースの見極め方」）の資料を用いて、家庭学習等で収集したインターネット上の情報（または、本や雑誌、新聞記事の内容）について、改めて読み直す。そして、それらを、情報発信者の立場として読んだ場合に考えられるよい点や課題点について挙げさせる。ここでは、単に「フェイクニュースかどうか」という視点ではなく、「○○という情報も追加した方がより説得力が増す」や「△△という表現が誤解を招く可能性がある」など、情報発信者としてよりよくなるような工夫について考えさせる。

　また、教科書本文に引用されている「事実はない。あるのは解釈だけだ。」という考えについて、実際の情報に当てはまるのかについても検討させ、気付いたことや考えたことを共有させることで、メディア・リテラシーについての考えの形成につなげることができる。

※ IFLA サイトより引用 ［引用日：2023/3/1］
https://www.ifla.org/files/assets/hq/topics/info-society/how_to_spot_fake_news_covid-19_jp.pdf

生徒の中には，自分が選んだ情報と，資料「フェイクニュースの見極め方」，教科書本文（特に，筆者のものの見方や考え方）とを結び付けて考えることが難しい生徒もいることが予想される。そのため，この活動は自分が選んだ情報について一人で読み直すだけでなく，生徒の状況に合わせて，協働的に取り組ませることが有効である。また，生徒それぞれが選んだ情報によって，情報の確かさについての考えをもちやすいものとそうでないものがあることも考えられる。そのためにも，自分が選んだ情報だけでなく，他者が選んだ情報も含め，多くの情報に接する機会を設定するとよい。

　多くの情報に接し，それぞれが気付いたことや考えたことは，ロイロノートを活用して共有することで，グループ内，クラス内はもちろん，学年内でも共有することが可能となる。多面的・多角的な視点で情報の確かさを捉え直す機会を設定することで，生徒一人一人がメディア・リテラシーについての自身の考えを広げ深めることができる。

　そして，第1時に自身が書いた「メディア・リテラシーが必要な理由」について，改めて考えをまとめていく。ここでは，新しいワークシートに改めて書かせるのではなく，あえて第1時に自分が書いたものに加筆修正させる。そうすることで，自分自身の考えがどう変容したのか，あるいは，仲間との関わりの中でどのような影響を受け現在の考えに至ったのかを自然と意識することにつなげたい。

　以下に，生徒による単元の振り返りの一例を示す。

今回，私は自分が好きなスポーツ選手（サッカーの選手）について調べてみました。私はテレビやスタジアムで応援するくらい，その選手の大ファンなので，インターネットに載っている情報もほとんど知っているものばかりでした。しかし，中にはその選手のことが嫌いな人が書いていると感じられるほど，記事の題名と本文の内容に差があるものを見付けました（本文の内容に大きな嘘はない）。メディア・リテラシーについては，もともと「あった方が良い」程度に思っていたので，「メディア・リテラシーはなぜ必要か？」を最初に読んだときは，「メディア・リテラシーを身につけよう。そしてもしこれに失敗すれば，たぶん人類はメディアによって滅びるはずだ。」という筆者の主張は，大げさだなと思いました。でも，この記事の存在を知った後に，改めて読み直してみると，メディア・リテラシーがないと，気付かないうちに，その情報によって感情を支配されてしまうと感じました。私もその選手について詳しくなかったら，題名だけ読んで判断してしまっていたかもしれません。筆者が述べていたように，「なんの疑いもなく信じこむ。こうして戦争が続く。」ということも大げさだとは思えなくなりました。今は，特定のメディアが伝える記事の文章をうのみにせず，複数のメディアから情報を得て「事実」を探すことが必要だと考えるようになりました。人類を滅ぼさないためにも。

（栃木　昌晃）

「おくのほそ道」を読んで，人間，社会，自然などについて考える　12

教　材　「夏草——「おくのほそ道」から」（光村）

1　単元について

　1年次から「竹取物語」をはじめとして様々な古典作品を学習してきたが，今回の「おくのほそ道」は，江戸時代の俳人である松尾芭蕉が旅の記録と俳句を融合させて創作した作品である。本文に書かれている事柄には作者のそれまでの学びや人生観等も含まれており，中学校第3学年で学習する古典作品として読み応えのあるものである。本単元では，「歴史的背景などに注意して古典を読むことを通して，その世界に親しむ」とともに，芭蕉の考えに触れたり，その時代の社会や人々の価値観などについても考えたりすることで，人間，社会，自然などについて，自分の意見をもつことができるようにしたい。

　そこで，まずNHK for School などのデジタル映像教材で概要を知るとともに，本文を読み，芭蕉の思いに触れる学習を設定した。また，単元の最後には自ら一句を選び，作句の背景を考えながら芭蕉になりきり，人間，社会，自然などについて考えたことを文章化する学習を設定した。単なる古典の読解だけではなく，自分が選んだ一つの句を掘り下げて考えるとともに，互いの考えを交流し合うことで，主体的・対話的で深い学びの実現を目指す。

2　単元の目標・評価規準

(1)　歴史的背景などに注意して古典を読むことを通して，その世界に親しむことができる。

〔知識及び技能〕(3)ア

(2)　文章を読んで考えを広げたり深めたりして，人間，社会，自然などについて，自分の意見をもつことができる。　　　　　　　〔思考力，判断力，表現力等〕C(1)エ

(3)　言葉がもつ価値を認識するとともに，読書を通して自己を向上させ，我が国の言語文化に関わり，思いや考えを伝え合おうとする。　　　　　　「学びに向かう力，人間性等」

ICT の活用場面

［ツール・アプリ等］NHK for School　ロイロノート・スクール（以下「ロイロノート」）　検索ブラウザ

- ●第1時　　「おくのほそ道」の概要を知る。（NHK for school）
- ●第3・4時　教科書や資料集の中から句を一つ選ぶ。（ロイロノート）
　　　　　　　句の背景などについて調べる。（ブラウザ検索を含む）

知識・技能	思考・判断・表現	主体的に学習に取り組む態度
①歴史的な背景などに注意して古典を読むことを通して，その世界に親しんでいる。（(3)ア）	①「読むこと」において，文章を読んで考えを広げたり深めたりして，人間，社会，自然などについて，自分の意見をもっている。（C(1)エ）	①粘り強く歴史的背景などに注意して古典を読み，今までの学習を生かして考えたことを文章にまとめようとしている。

3　単元の指導計画（全4時間）

時	主な学習活動 ★個別最適な学びの充実に関連する学習活動 ●協働的な学びの充実に関連する学習活動	・評価規準と評価方法
1	• 松尾芭蕉に関する既有知識を確認した後，NHK for School などの映像資料や資料集，デジタル教科書を使用し，「おくのほそ道」の概要を理解する。 • 冒頭の文章を音読する。 • 冒頭の文章を読み，歴史的背景などに注意して，芭蕉の旅立ちに対する思いを理解する。 ●ワークシートの記述をもとに，芭蕉の旅立ちに対する思いを共有し合う。	[知識・技能] ① <u>ワークシート</u> • 現代語訳や資料を参考にしながら，当時の芭蕉の状況や俳諧への思いを把握し，旅立ちへの思いを想像して具体的に記述している。
2	• 「平泉」前半の文章を音読する。 • 「平泉」前半の部分について，歴史的背景などに注意しながら，芭蕉が「夏草や兵どもが夢の跡」の句を詠むに至った心境を理解する。 ●ワークシートの記述をもとに，「平泉」前半の芭蕉が句に託した思いを交流し，共有し合う。 • 「平泉」後半の文章を音読する。	[知識・技能] ① <u>ワークシート</u> • 現代語訳や資料を参考にしながら，芭蕉が目にした光景とそこでの過去の事実を踏まえ，芭蕉が何を感じ作句したのかを想像して具体的に記述している。

3	・「平泉」後半について，歴史的背景などに注意しながら，芭蕉が「五月雨の降り残してや光堂」の句を詠むに至った心境を理解する。 ●ワークシートの記述をもとに，「平泉」後半の芭蕉が句に託した思いを交流し，共有し合う。 ・第4時の学習活動の概要を理解し，今までの学習を踏まえた上で，教科書や資料集に載っている松尾芭蕉の俳句から一句を選び，今後の自分の学習の計画の見通しを立てる。（第4時は，約2週間後に実施し，その間，家庭学習等を活用して，選んだ俳句について資料集やブラウザ検索で必要な情報を収集することを確認する。また，家庭学習等で収集した情報は，ロイロノートの提出箱に期日までに提出する。） ・これまでの学習を振り返り，歴史的背景などに注意しながら古典を読むために，自分が工夫したことや試行錯誤したことをまとめ，第4時の学習に向けて工夫したい学習の進め方をロイロノートのカードに書いて提出する。	[知識・技能] ① <u>ワークシート</u> ・現代語訳や資料を参考にしながら，芭蕉が目にした金色堂の姿とその歴史的背景などを踏まえ，芭蕉が何を感じ作句したのかを想像して具体的に記述している。 [主体的に学習に取り組む態度] ① <u>ロイロノート</u> ・これまでの学習を振り返り，歴史的背景などに注意しながら古典を読むために，自分が工夫したことや試行錯誤したことをまとめ，次の学習課題に取り組む際に工夫したい点を考える。
4	★自分が選んだ句について調べた歴史的背景などを踏まえ，その句を紹介する文章を書く。 ●紹介文をロイロノートに提出後，共有しながら4人程度のグループで交流する。 ★交流時の意見交換で出たことを参考にしながら，自分が書いた紹介文を再度読み返し，必要に応じて加筆修正してワークシートを提出する。 ●提出された中から優れた作品をいくつか共有することで，表現や考えの幅を広げる。	[思考・判断・表現] ① <u>ワークシート</u> ・選んだ俳句の内容や歴史的背景などを踏まえ，人間，社会，自然などに関して考えたことを広げたり深めたりしている。 [主体的に学習に取り組む態度] ① <u>観察</u> ・交流で気付いたことを生かし，人間，社会，自然などに関して考えたことを広げたり深めたりしようとしている。

4 個別最適な学びと協働的な学びの充実に向けた指導のポイント

(1) 個別最適な学びを充実させる視点から

　本単元では，第3時に，それまでに学習した内容を生かしながら，教科書や資料集に載せられている「おくのほそ道」の俳句を一句選び，その俳句が詠まれた状況や歴史的な背景などを調べて，考えたことを表現する課題に取り組む。その際，冒頭の句でもある「草の戸も住み替はる代ぞ雛の家」を見本として示した上で，① 見本以外に授業で取り扱った俳句，② 教科書に掲載されている「おくのほそ道」の行程図に示されている上記以外の芭蕉の俳句，③ ①②以外に資料集やインターネット等で読むことのできる「おくのほそ道」の俳句，というように生徒の興味・関心に応じて俳句を選べるようにする。これは，生徒の特性や学習進度，学習到達度等によって，自分が学習するのにふさわしい俳句（教材）を選べるようにするためである。

　また，1人1台端末を活用して，インターネットによる調べ学習をしたり，資料集などを含めた図書室の書籍等も幅広く活用したりしながら，芭蕉がその句を創作した背景や思いについて考えるのに要する時間は，生徒一人一人異なることから，第4時を第3時から約2週間後に設定した。その間，生徒が自分の放課後の予定や得意とする学習方法，興味・関心に応じて家庭学習等の時間を活用し，様々な学習の進め方を工夫して学びを深めることができるようにしたい。その際，調べ方が分からない生徒や，うまく学習を進められず困っている生徒に関しては，途中経過をロイロノートで提出させた後，コメント機能を使って調べるポイントや，その生徒の特性に応じた学習の進め方の助言などをコメントして返し，重点的な指導を行う。

　その上で，第4時に，芭蕉が目にした光景や，人間，社会，自然などについて感じたり考えたりしたことを想像しながら，選んだ句を紹介する文章を書く活動を設定している。この場面では，事前に重点的な指導を行った生徒に対して，教師のコメントを理解することができたか，その後，どのように学習を改善することができたかなど，丁寧に声をかけてやり取りする。また，どのように書いたらよいかというイメージをもつことができない生徒に対しては，教師が作成したモデル文を参考にさせながら助言していく。このような指導を通して，一人一人の生徒が「おくのほそ道」を読むことを通して，「文章を読んで考えを広げたり深めたりして，人間，社会，自然などについて，自分の意見をもつこと」ができるようにしたい。

(2) 協働的な学びの充実に向けた視点から

　本単元では，「おくのほそ道」の作者である松尾芭蕉の教材を使用しながら，江戸時代の俳人である芭蕉が，どのような光景を目にして，どのような感情をもったり考えたりしたのかを想像しながら本文の内容を理解することから学習が始まる。しかし，4時間という限られた時間の中で，作品全体を理解することは難しい。

　そこで，冒頭では「芭蕉の旅への決意はどこから生まれたのか」，「平泉」前半では「芭蕉は

なぜこの地で涙を流したのか」,「平泉」後半では「金色堂への感動はどこにあるのか」等,解釈のポイントとなる読みの課題を設定し,個々の考えを互いに交流し合い,共有することで,作品への理解を深められるようにする。この交流の場は,古典の学習を苦手とする生徒や自分が考えたことを文章に書き表す際に支援を必要とする生徒にとっては,古典の学習を得意とする生徒や江戸時代の歴史的背景などに詳しい生徒が考えたことを参考にして,自らの学びを深める機会となるだろう。自分が考えたことを文章に書き表すことが得意な生徒からは,どのように自分の考えを書き表すとよいかということなどを学ぶ機会ともなり,その後の自己の表現に生かしていくことができるだろう。

　第4時に,調べ学習を踏まえた上で芭蕉になりきって文章化する際,句のどこに焦点を当てるか,調べた内容をどのように活用するのかは,生徒によって異なる。また,その句の内容を踏まえて人間,社会,自然などについて感じたり考えたりする内容も異なるはずである。そこに,生徒一人一人の「おくのほそ道」に対する見方・考え方が反映される。例えば,第2時で取り扱った「夏草や兵どもが夢の跡」の句については,句そのものの解釈だけはなく,背景となる奥州藤原氏や源義経らがこの平泉の地でどのように生き,どのように命を散らしていったのかまで理解して文章化できるかで句に対する解釈の深まりが違ってくる。また,「国破れて山河あり」の漢詩が芭蕉の見た光景と何を想起させているのかを句の解釈に加えるかどうかでも,書く文章の膨らみ方が違ってくるだろう。さらに,自分が日頃,人間,社会,自然などについてどのように感じ,考えているかによっても紹介文に書く内容の深まりが変わってくる。交流を行う前に,これらの違いについて積極的に質問したり,自分が感じたことを伝えたりすることで,自分の学びを深めることが大切であることを理解させ,交流に臨ませたい。このような形で,個々が選んだ句を互いに紹介し合い共有することで,一斉授業ではなしえなかった複数の俳句や多様な考え方に触れることができる。また,互いのなりきり紹介文を交流し合うことで,他者の視点で自分の文章を読み返したり,自分が文章化しているときには気付かなかった視点に気付き,自らの考えを広げたり深めたりすることができる。と同時に,交流する場面においては,解釈のポイントや文章の組み立て方について疑問に感じたことを質問し合うことを通して,芭蕉の作った俳句や「おくのほそ道」への理解が深まったり,広がったりすることもねらいとしている。

　なお,歴史的背景などを適切に理解することは,生徒だけでは難しい場合がある。生徒同士の交流ではあるが,教師も「協働する仲間の一人」として,各グループの交流の場に積極的に参加し,生徒の理解が不十分な点を指摘したり,教師自身の解釈や最新の研究成果等を伝えたり,また別の資料を提示したりすることにより,生徒の考えを広げたり深めたりすることができるようにしたい。

5 授業の実際

●第1時

「おくのほそ道」の作者である松尾芭蕉について，生徒は小学生の頃からの学習等で既に様々な知識をもっている。それらの既有知識について確認することで，各自のもつ知識の度合いを確認する。また，国語便覧等や映像資料を活用して，「おくのほそ道」の概略を知ることで，古典という苦手意識を払拭できるようにする。松尾芭蕉という人物が何をした人なのか，「おくのほそ道」という作品はどのようなものなのかについても考えることで，冒頭の内容理解がしやすいようにしていく。冒頭部分を音読して古典のリズムに慣れ親しんだ後，「芭蕉が旅に込めた思い」について考え，自分の考えをまとめる。その際，「旅への憧れ」「当時の旅事情」「今回の旅への決意」等の内容を読み取り，その中でも，何を重視するかについて自分の考えをもち，交流する。

●第2時

「平泉」前半について音読をした後，芭蕉が見た光景と「平泉」という地で500年前に何があったのかという歴史的背景などに対する理解を促す。それを踏まえて，「芭蕉がなぜこの地で涙を流したのか」について自分の考えをもち，交流する。この点について考える際に，国語便覧やデジタル教科書の資料を視覚的に使用することで，文章だけで分かりにくい部分が理解できるように支援する。単なる訓詁注釈になるのではなく，そこで語られている内容を押さえることを全体でも確認する。

●第3時

「平泉」後半について音読した後，中尊寺「金色堂についての芭蕉の感動はどこにあるのか」を考え，交流する。その際，第2時に行った「平泉」前半の，源義経の一件で最終的には一族を滅ぼすことになった奥州藤原氏の屋敷跡と彼らの氏寺である中尊寺の有り様の違いがどこにあるのかにも注目させる。同じ土地にありながら片や基礎を残して跡形もなくなっているものと，500年以上たっても目の前に残っているものの違いは一体どこにあるのかにも注目させていく。その後，自分の学習の理解度に応じて，松尾芭蕉の俳句の中から一句選ぶ。その際，句の内容を，紀行文の本文等を参考にしながら具体的にイメージできるものを選べるようにする。

その句の歴史的背景などを書籍やインターネットを活用して調べる学習については，家庭学習等の時間を活用して取り組ませる。その際，期日を決めて途中経過をロイロノートで提出させる。ここで，生徒の学習状況を確認し，句の解釈しかできていない生徒には「この地で松尾芭蕉が見たものは何か」「その光景を見て，松尾芭蕉はどのような気持ちになったのか」「そのような気持ちになったのはなぜか」等，紀行文の地の文の解釈にも目を向けさせるようなコメ

ントをし，句の解釈と地の文が生徒の中でつながるように支援する。また，句と紀行文の地の文の解釈はできているものの，より深い解釈に挑戦できそうな生徒には，そのヒントとなるカードを用意しておく。

芭蕉が見た光景	芭蕉の思い，考え
中尊寺　金色堂	うわさ通りに，輝いている。

コメント
なぜ芭蕉は光堂が輝いていることにこれほどまで感動しているのか考えてみよう。

芭蕉の句	句の内容
五月雨の　降り残してや　光堂	五月雨もこの光堂だけは降らなかったのだろうか

「ヒントカード例」平泉　後半編
◇「降り残してや」とは，具体的にどのようなことに対して言っているのか。
◇上記のように芭蕉が思ったこととして，光堂の見た目とそこに至るまでの歴史の流れがどのように結び付いているのか。

●第4時

　家庭学習等を活用して収集した情報をもとに，それらの情報を取捨選択しながら，作者である松尾芭蕉の立場としてどのように表現するかを考える。その際，選んだ俳句の内容や歴史的背景を踏まえ，人間，社会，自然などに関して自分が考えたことを芭蕉になりきって表現することを条件として示す。学習をうまく進めることができない生徒に対しては，教師が作成したモデル文を参考として配付し，どのように学習に取り組めばよいかを助言する。

〈ワークシート例〉

「おくのほそ道」を読んで、人間、社会、自然などについて考える

年　組　番　氏名

単元の目標

考えるヒント
①その時の状況、時代の様子などの歴史的背景など
②俳句に込められた作者の思い、作者が見た情景や感じたこと
③俳句の内容から、人間、社会、自然などに関して考えたこと

選んだ一句

紹介文

振り返り

〈ワークシートによる生徒作品例〉

①例「夏草や　兵どもが　夢の跡」

　戦乱の世では，誰もが世の頂きへと向かうことを夢見るものだ。だが，永遠などというものはない。頂点を極めたと思ったものも，奥州藤原氏のようにそれは一時の栄華となる。この世の常は，何とはかないものか。また，源義経という名高い武士でさえも，一瞬にして消えてしまう。

　目の前に広がる夏草の青々と茂っている姿を見ると，自然と比べた人間の営みがはかなく消えてしまうということに，いやでも気付かされる。必死になって戦い，命を落としていった者がたくさんいたのに，後世に残るものは夏草のみと思うと，涙が止まらない。いくら人間が繁栄したとしても，自然の雄大さの前では，はかないものなのだ。

②例「閑かさや　岩にしみ入る　蝉の声」

　なんて静かな山寺なのだろう。まるで岩にしみ入るように，蝉が鳴いているのだけが聞こえてくることだ。

　山形領にある立石寺へと訪れた。一度見た方がよいと人々に勧められたものだから，尾花沢からわざわざ予定を変えて，来た道を戻りやって来たのだ。まだ日の暮れないうちに着き，山上にある堂まで登ってきた。岩山の上に見える支院の扉は閉じていて，物音一つも聞こえなかった。断崖を巡りながら寺院を参詣すると，その素晴らしい景色はひっそりと静まりかえっていた。

　ずっと蝉の声だけが岩にしみ入るように聞こえている。時間が止まったかのようだ。このような自然の中にいると，心が澄みきっていくことを感じるものだ。このような感覚は，多くの人で常ににぎわい，騒がしかった江戸では感じることができなかっただろう。今は，わずらわしい人間関係のことも忘れられる……。

③例「旅に病んで　夢は枯野を　かけ廻る」

　いつだったか，「古人も多く旅に死せるあり」と書いたことがある。そして，私もその中の一人になろうとして何度も旅に出た。そして，今，旅の途中でこうして病に臥している。もう何年も続けてきた旅。しかし，私の行きたい所へと連れて行ってくれた自分の体も思うように動かなくなってきた。だからこそ，今はこうして静かな部屋の中で天井を見上げている。でも私は，やはり旅が好きだ。人には様々な生き方がある。これまでの旅で，たくさんの人と出会い，たくさんの人生を見てきた。そのような様々な生き方の中で，私が選んだのは「旅に生きる」という生き方なのだ。自分が好きで選んだ人生に悔いはない。

　今行きたいと思う枯れ野を，夢の中で駆け回っている。生まれ変わったとしても，私はまた旅を続けるだろう。

（小林　寿子）

A
話すこと
聞くこと

B
書くこと

C
読むこと

和歌を読んで，人間，社会，自然などについて考えよう

13

教材 「君待つと——万葉・古今・新古今」（光村）

1　単元について

　本単元では，単元の目標「和歌の世界に親しむ」「和歌を読んで人間，社会，自然などについて自分の考えをもつ」を達成するために，まず，和歌に対する苦手意識「読めない」「分からない」を解消する必要があると考え，次の方針に沿って指導計画を作成した。すなわち，①個人でできる学習は事前学習として学習者用デジタル教科書を活用して家庭学習等で自分のペースで学習させる。②授業では「協働的な学び」として生徒同士の意見交換や発表，教師による丁寧な個別指導（「指導の個別化」）を行って達成感を味わわせ自分の考えを広げたり深めたりさせる。③「学習の個性化」として心に響いた和歌を1首選ばせてその和歌について考えさせることによって生徒の個性や資質・能力の一層の伸長を図る。④ICTの活用については学習者用デジタル教科書のほか，PowerPoint（Teams上で共同編集），ムーブノート，Formsを効果的に活用することで，個人で考え，意見交換・発表する学習活動を充実させていく。そして，古人の心情に触れることによって，自分たちと変わらない不易の部分と自分たちと異なる流行の部分を感じさせるとともに，本単元の目標を達成させていきたいと考える。

2　単元の目標・評価規準

(1)　歴史的背景などに注意して古典を読むことを通して，その世界に親しむことができる。
〔知識及び技能〕(3)ア

(2)　文章を読んで考えを広げたり深めたりして，人間，社会，自然などについて，自分の意見をもつことができる。　〔思考力，判断力，表現力等〕C(1)エ

(3)　言葉がもつ価値を認識するとともに，読書を通して自己を向上させ，我が国の言語文化に関わり，思いや考えを伝え合おうとする。　「学びに向かう力，人間性等」

ICT の活用場面

［ツール・アプリ等］ 学習者用デジタル教科書　PowerPoint（Teams 上で共同編集）　ムーブノート
　　　　　　　　　Forms　検索ブラウザ

●事前課題　調べ学習を行い，課題提出をする。（学習者用デジタル教科書，ムーブノート，検索
　　　　　　ブラウザ）
●第1時　　事前課題を確認し，心に響いた和歌を1首選ぶ。同じ和歌を選んだグループでワーク
　　　　　　シートを共同で完成させ，振り返る。（学習者用デジタル教科書，PowerPoint
　　　　　　（Teams 上で共同編集），ムーブノート，Forms）
●第2時　　前時のワークシートを用いながら意見交換・共有を行い，加筆修正し，振り返る。
　　　　　　（学習者用デジタル教科書，PowerPoint，ムーブノート，Forms）

知識・技能	思考・判断・表現	主体的に学習に取り組む態度
①歴史的背景などに注意して古典を読むことを通して，その世界に親しんでいる。 （(3)ア）	①「読むこと」において，文章を読んで考えを広げたり深めたりして，人間，社会，自然などについて，自分の意見をもっている。（C(1)エ）	①進んで歴史的背景などに注意して古典を読み，今までの学習を生かして考えたことをまとめている。

3　単元の指導計画（全2時間）

時	主な学習活動 ★個別最適な学びの充実に関連する学習活動 ●協働的な学びの充実に関連する学習活動	・評価規準と評価方法
1	〈事前課題として家庭学習等で取り組む内容〉 • 本単元では，心に響いた（言葉が気に入った，内容に共感した，心情がよく伝わった）和歌1首について，理由と和歌についての人間・社会・自然に関する自分の考えを発表する授業を行うことを知る。 ★デジタル教科書の資料を一読し，和歌を繰り返し音読する。 ★ムーブノートのカード①で配付されたワークシートAを完成させ（三大和歌集の時代背景について詳しく調べる），ムーブノート内の広場に送る。 〈本時〉 • 単元の学習の見通しをもつ。 • 教科書に掲載されている和歌14首を4人程度のグループで音読し，互いの読み方を確認して助言し合う。 ★事前課題のワークシートAについて，歴史的背景やその歌集の特徴について代表生徒の発表を通して確認する。	

A 話すこと聞くこと

B 書くこと

C 読むこと

	★和歌を再度，自分のペースで微音読し，心に響いた和歌を（万葉集１〜新古今14から）１首選んで，理由を書いたカード②を広場に送信する。 ★選んだ和歌についてワークシートＢ（紙面）の①和歌②作者③歌集④時代背景⑤和歌に詠まれた情景・作者の心情⑥表現技法⑦特徴（歌集との関連）⑧なぜ心に響いたのか⑨和歌を読んで人間，社会，自然などについて考えたこと，について考える。 ●同じ和歌を選んだ４名程度でグループをつくり，意見交換をしてPowerPointの共同編集機能を使いワークシートＣを完成させる。 ★振り返りをFormsで行い，次時の見通しをもつ。	[知識・技能] ① <u>ワークシートＢ・Ｃ（「歴史的背景」</u> <u>「和歌に詠まれた情景・作者の心情」</u> <u>の欄）</u> ・和歌が詠まれた当時の様子や作者が置かれていた状況を踏まえて，和歌に描かれている情景や心情を具体的に捉えている。 [主体的に学習に取り組む態度] ① <u>観察・振り返りシート</u> ・進んで他の生徒の考えを生かし，和歌に描かれている情景や心情等について歴史的な背景を踏まえながら具体的に捉えようとしている。
2	・前時の振り返りを行う。 ・教科書に掲載されている和歌14首を，前時とは異なる４人程度のグループで音読し，互いの読み方を確認して助言し合う。 ・本時の流れを確認する。 ●心に響いた和歌について前時に作成したワークシートＣを用いて各グループが全体で発表する。 ●発表後，和歌についての自分の考えをまとめ，グループ内で互いの１人１台端末を見せ合いながら意見交換する。その後，個人のカード③を広場に送信し，全体で共有する。 ★本時の学習を踏まえて，ワークシートＢ（紙面）の内容を読み直し，必要に応じて赤字で加筆修正して提出する。 ・授業の振り返りをFormsで行い，提出する。	[思考・判断・表現] ① <u>ワークシートＢ（「和歌を読んで人</u> <u>間，社会，自然などについて考えた</u> <u>こと」の欄）</u> ・和歌を読んで人間，社会，自然などについて考えたことを，他の生徒の考えと比べながら，広げたり深めたりしている。 [主体的に学習に取り組む態度] ① <u>観察・振り返りシート</u> ・進んで他の生徒の考えと自分の考えを比べ，和歌を読んで人間，社会，自然などについて考えたことを広げたり深めたりしようとしている。

4 個別最適な学びと協働的な学びの充実に向けた指導のポイント

(1) 個別最適な学びを充実させる視点から

　本単元では，教科書に収められている『万葉集』『古今和歌集』『新古今和歌集』14首の中から心に響いた和歌を1首選んで，詠まれた状況や作者の心情を理解し人間，社会，自然について個人で考えた内容をグループで検討してPowerPointの共同編集機能を使ってまとめ，学級全体で発表し合い，再度，個に戻って考えを深めていく学習を行うこととした。

　和歌の学習については，小学生から百人一首等に親しみ，和歌の言葉の響きやリズムに慣れ親しんでいる生徒がいる一方で，そのような経験が十分でないために「読めない」「分からない」という苦手意識を抱く生徒も少なからずおり，一人一人の学習到達度は多様な状況にある。このような実態から，一斉授業で全員一律に和歌を音読する時間や回数を決めてしまうと，一人一人に適した学習とならない可能性がある。そこで，それぞれの生徒が自らの特性や学習進度，学習到達度に応じて学習する時間を柔軟に設定することができるよう，家庭学習等を活用して，事前に1人1台端末を用い，和歌の音読に取り組ませることにした。その際，学習者用デジタル教科書を使用させることで，収録されている和歌の朗読を繰り返し聞き返しながら，和歌の言葉の響きやリズム，歴史的仮名遣いの読み方等を確認させ，自分のペースで和歌の音読に慣れさせるようにした。

　また，同様に事前課題としてワークシートA『万葉集』『古今和歌集』『新古今和歌集』をムーブノートのカード①で配付して取り組ませるが，これについても1人1台端末を活用して，学習者用デジタル教科書に掲載されている資料やインターネット上の情報を収集しながら自分のペースで取り組ませ，広場に送るよう指示しておく。教師は，広場に送られたカード①の内容を確認し，よく取り組むことができている生徒を数名選んでおく。また，支援が必要な生徒に対して，第1時で重点的に指導することができるように，どの生徒の内容が不十分であるかを確認しておく。

　第1時の最初に事前課題ワークシートAについて，事前に選んでおいた数名の生徒を指名して発表させる。このとき，事前課題に十分に取り組むことができていなかった生徒については，発表をもとに，カード①に加筆修正させて再提出させる。事前に確認しておいた支援が必要な生徒については机間指導により個別に指導していく。

　なお，本単元の学習では，教科書に掲載されている和歌全てについて，全員一律に同じ解釈をできるようにすることを目指すのではなく，生徒一人一人の特性，興味や関心，経験等に応じ，心に響いた和歌を1首選び，その和歌を読んで人間，社会，自然などについて考えたことを広げたり深めたりすることを目指す。このような学習により，生徒一人一人が，自分の特性，興味や関心，経験等に応じ，一層深く歴史的背景などに注意して古典を読み，その世界に親しむことができるようにしたい。

実際の指導に当たっては，自分が選んだ和歌についてワークシートに取り組ませる中で一人一人の工夫や可能性，進歩の状況等の個人内評価を積極的に行って，それぞれの個性や資質・能力を伸ばせるように心がけた。しかしながら，自分が選んだ和歌とはいえ，ワークシートＢやムーブノートのカード③に取り組むことについて支援が必要な生徒に対しては，机間指導を行って重点的に指導した。

(2) 協働的な学びの充実に向けた視点から

　第１時と第２時のはじめに，教科書に掲載されている『万葉集』『古今和歌集』『新古今和歌集』の和歌14首について，４人程度のグループで音読し，互いの読み方を確認して助言し合うこととした。事前に１人１台端末を活用して，学習者用デジタル教科書で和歌の音読をさせておくが，十分に音読に慣れることができない生徒もいると考えられるので，グループで一人１首ずつ音読していくことによって和歌の言葉の響きやリズムを確認し合い，楽しみながら，互いの音読の仕方について気が付いた点をアドバイスし合うようにさせた。なお，第１時と第２時では異なるメンバーでグループを構成することができるようにし，様々な生徒と互いの読み方を確認し合うことができるようにした。また，グループでの音読の様子は教師が丁寧に確認し，読み誤り等があった場合は，必要に応じて個別指導や全体指導を行った。

　次に，心に響いた和歌について同じ和歌を選んだ４名程度でグループをつくり，意見交換をしてPowerPointの共同編集を行う場面では，意見交換により，人間，社会，自然などについて自分が考えた内容を広げたり深めたりさせる。同じ和歌を選んだ生徒であっても，調べてきた時代背景や着目した語句の意味などに違いがあり，その和歌に描かれている情景や心情の捉え方が異なるものである。それぞれの考え方の違いに着目させ，必要に応じてインターネット等で情報収集をさせながら，より自分たちが共感できる解釈をさせたい。生徒だけで，そのような違いに着目できないような場合には，「○○さんは，この言葉の意味を『寂しい』と捉えているけど，□□さんは，『いとおしい』と捉えているね。なぜ，このように違っているのかな」など，それぞれのグループの学習状況を丁寧に把握し，必要に応じてグループの話し合いに参加する。その際，生徒たちだけでは時代背景の理解や古語の理解が十分にできないことがある。このようなときは，「教科書の現代語訳の『娘』というのは，『自分の子供』という意味の娘だろうか。先生の古語辞典を貸すから調べてみよう」（「多摩川にさらす手作りさらさらに何そこの児のここだ愛しき」のグループへの助言。一般的な古語辞典では①として「子・子供」を，②として「人を親しんでいう語。男性が愛する女性に対して用いる場合が多い。」などと解説している。）などと必要に応じて助言し，学びが深まるように支援する。「協働的な学び」における他者には，同じ学級の生徒だけではなく，教師も含まれていると考え，生徒同士だけのやり取りに任せて「放任」してしまうのではなく，教師も交流の場面に積極的に参加し，生徒の学びが深まるように支援することがポイントとなる。

5 授業の実際

●第1時

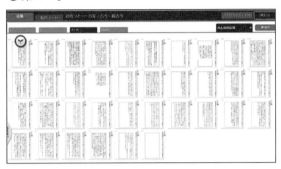

家庭学習（ワークシートA）を発表している場面。

A 話すこと・聞くこと

ワークシートAの提出後の画面

・ムーブノート内の広場に提出させた。（提出後に他の生徒のシートを見ることができる。提出し直すこともできる。）

・教師からは三大和歌集の時代背景について詳しく調べることを指示した。

B 書くこと

ワークシートB（紙面）の学習場面

・個の学習を手書きのシートで行った。

・生徒は画面を見ながら学習できるのでワークシートBは紙面にして非常に有効であった。デジアナ活動（ブラウザ検索や他の生徒の意見を参照しながら，個人で考えてアナログで記述する。）

・ワークシートBを紙面にしたので教師も机間指導をしやすい。

・デジタルのワークシートとアナログのシートを同一にしたので分かりやすい。

・筆が進まない生徒については丁寧に個別指導を行った。

・教師は伴走者に徹し，軌道修正のみ行う。

C 読むこと

共同編集

・ワークシートB（紙面）を持ち寄り，互いに見せ合いながら，また触発し合いながら学習を深めていた。

・表現技法等の細部については教師がアドバイスを行った。

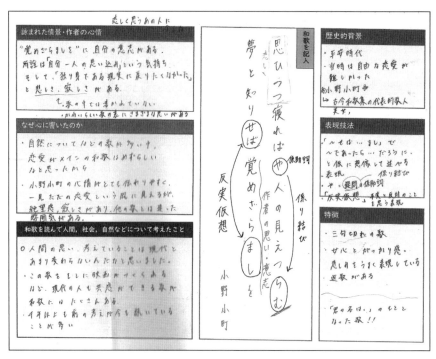

ワークシートＢ　生徒作品例（個人作業）

●第２時

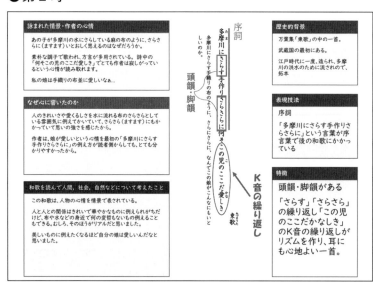

このグループでは，「愛しき」や「児」という古語の理解が十分ではなかったので，先述のように教師が個別に声をかけて指導し，この後，修正された。

ワークシートＣ　生徒作品例（共同編集）

和歌についての自分の考えをまとめて，ムーブノート内の広場に提出し全体で共有

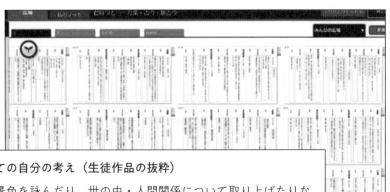

和歌についての自分の考え（生徒作品の抜粋）

・和歌には景色を詠んだり，世の中・人間関係について取り上げたりなど，いろいろなことをありのままに素直に正直に詠んでいて，良いものだなと思った。今回一番学んだのは，言葉の美しさ，日本語の美しさである。言葉遣い，言い回し，言葉のチョイスなどで全く別の表現になり，読んでいる自分達からの印象が変わる。これに関しては今も普段の会話も同じだなと思った。言葉遣い，言い回しが大事。言葉が大事だと思った。

○授業の振り返りアンケート（Forms　満点は４点）

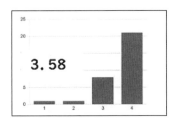

和歌の言葉や響きやリズムを楽しんでいる。

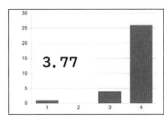

作者の心情，描かれた情景，表現効果について考え，和歌の世界に親しもうとしている。

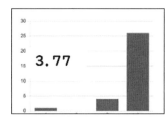

人間・社会・自然などについて自分の意見をもっている。

・アンケート結果や生徒が授業の最後に書いた和歌についての考えから，生徒が授業に意欲的に取り組み，和歌についての自分の考えをもつことができたことが分かる。

・「個別最適な学び（指導の個別化）（学習の個性化）」「協働的な学び」における ICT の有効性がさらに深まった。デジタルは共同でまとめるとき（共同作業）や全体に提示するとき等に有効であり，紙のシートは，個人で考えをまとめるときや相互評価し発表についてメモをするとき等に有効である。

（片山　富子）

A
話すこと
聞くこと

B
書くこと

C
読むこと

執筆者一覧 （執筆順）

田中　洋一	東京女子体育大学名誉教授
鈴木　太郎	文部科学省初等中等教育局教育課程課教科調査官
緒方　　初	中央区立日本橋中学校
倉林くるみ	三鷹市立第六中学校
青山　雄司	世田谷区立尾山台中学校
吉田　　稔	青梅市立第六中学校
渋谷　頼子	府中市立府中第九中学校
福島　教全	江東区教育委員会
蓑毛　　晶	杉並区立中瀬中学校
加藤　則之	杉並区立済美教育センター
中澤　　翼	国立市立国立第三中学校
前川　智美	横浜創英中学・高等学校
栃木　昌晃	世田谷区立三宿中学校
小林　寿子	東京都港区立白金の丘中学校
片山　富子	渋谷区立笹塚中学校

【監修者紹介】

田中　洋一（たなか　よういち）

東京女子体育大学名誉教授。横浜国立大学大学院修了，専門は
国語教育。東京都内公立中学校教諭を経た後，教育委員会で指
導主事・指導室長を務め，平成16年より東京女子体育大学教授，
令和5年度より現職。この間，中央教育審議会国語専門委員，
全国教育課程実施状況調査結果分析委員会副主査，評価規準・
評価方法の改善に関する調査研究協力者会議主査などを歴任す
る。平成20年告示学習指導要領中学校国語作成協力者，光村図
書小・中学校教科書編集委員，21世紀国語教育研究会会長。
『板書＆展開例でよくわかる　指導と評価が見える365日の全授
業　中学校国語』（明治図書）他，著書・編著書多数有り。

【編著者紹介】

鈴木　太郎（すずき　たろう）

文部科学省初等中等教育局教育課程課　教科調査官，国立教育
政策研究所　教育課程調査官・学力調査官。東京都公立中学校
教員を経た後，東京都教育庁指導部で指導主事，統括指導主事
を務め，令和4年度より現職。『「指導と評価の一体化」のため
の学習評価に関する参考資料【中学校国語】」（令和2年3月
国立教育政策研究所）の調査研究協力者。

［編集協力者］

石川俊一郎　　北区立稲付中学校
小幡　政明　　渋谷区立鉢山中学校

中学校国語科
「個別最適な学び」と「協働的な学び」の
一体的な充実を通じた授業改善　第3学年

2023年8月初版第1刷刊	©監修者 田　中　洋　一
	編著者 鈴　木　太　郎
	発行者 藤　原　光　政
	発行所 明治図書出版株式会社

http://www.meijitosho.co.jp
（企画）林　知里（校正）粟飯原淳美
〒114-0023　　東京都北区滝野川7-46-1
振替00160-5-151318　電話03(5907)6703
ご注文窓口　電話03(5907)6668

＊検印省略　　　　組版所 株式会社木元省美堂

Printed in Japan　　　　　　ISBN978-4-18-367368-8

もれなくクーポンがもらえる！読者アンケートはこちらから→

全ての子供たちの可能性を引き出す授業づくりの在り方を考える

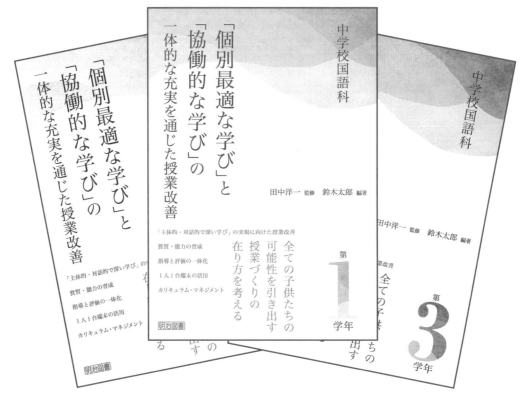

学習指導要領が示す資質・能力を確実に育成し、生徒一人一人を豊かな学びへと導くためには「個別最適な学び」と「協働的な学び」の一体的な充実を通じた授業改善が欠かせない。ICTを効果的に取り入れながら、領域別に授業づくりの具体を示した。

1章　国語科の授業改善と「個別最適な学び」と
　　　「協働的な学び」の一体的な充実
　Ⅰ　教育改革の方向と授業改善
　Ⅱ　「個別最適な学び」と「協働的な学び」の
　　　一体的な充実を通じた授業改善

2章　「個別最適な学び」と「協働的な学び」の
　　　一体的な充実を通じた授業改善を図るプラン

田中洋一　監修
鈴木太郎　編著

各B5判・128頁
定価 2,310円（10％税込）
図書番号 3671-3673

明治図書　携帯・スマートフォンからは　明治図書 ONLINE へ　書籍の検索、注文ができます。▶▶▶
http://www.meijitosho.co.jp ＊併記4桁の図書番号（英数字）でHP、携帯での検索・注文が簡単に行えます。
〒114−0023　東京都北区滝野川7−46−1　ご注文窓口　TEL 03−5907−6668　FAX 050−3156−2790